**EN VENTE:**
- **LES ARISTOCRATIES**, comédie en 5 actes, en vers, par M. ÉTIENNE ARAGO.
- **LES PAYSANS**, drame en 5 actes et 8 tableaux, par MM. DENNERY, CORMON et GRANGÉ.
- **ALINE, REINE DE GOLCONDE**, opéra-comique en 3 actes, par VIAL et BERTON.
- **DICTIONNAIRE D'AMOUR**, études physiologiques, par JOACHIM DUFLOT, 1 joli vol. in-18. 3 fr.
- **JEANNE D'ARC**, trilogie nationale, poème en 12 chants, par A. SOUMET, 1 vol. in-8°...... 5
- **THÉÂTRE COMPLET** de A. SOUMET, 1 vol. in-8°...................................... 4

# LA FRANCE
## DRAMATIQUE
### AU DIX-NEUVIÈME SIÈCLE
*Choix de Pièces Modernes.*

*Théâtre Beaumarchais.*

**ALINE PATIN,**
COMÉDIE-VAUDEVILLE EN TROIS ACTES.

1110 — 1111

**PARIS.**

**N. TRESSE, ÉDITEUR,**
ACQUÉREUR DES FONDS DE J.-N. BARBA ET V. BEZOU,
SEUL PROPRIÉTAIRE DE LA FRANCE DRAMATIQUE,
PALAIS-ROYAL, GALERIE DE CHARTRES, Nos 2 ET 3,
Derrière le Théâtre-Français.

1847.

A MADAME EUGÉNIE DOCHE,
Témoignage d'amitié,
L'Auteur.

# ALINE PATIN

COMÉDIE-VAUDEVILLE EN TROIS ACTES,

## PAR M. EUGÈNE PIERRON,

Représentée pour la première fois, à Paris, sur le théâtre Beaumarchais, le 16 novembre 1847.

### DISTRIBUTION DE LA PIÈCE.

| Personnages. | Acteurs. |
|---|---|
| DUHAMEL, riche propriétaire, père de Marie | MM. Videix. |
| ARTHUR MAUCROIX, jeune avocat | Lequien. |
| BRÉMONT, homme d'affaires | Manuel. |
| OSCAR DE BONARSOT, fashionable | Jouanne. |
| Un Domestique | Charmantier. |
| ALINE PATIN, dame des chœurs de l'Opéra. | Mmes Angélina. |
| BLANCHE, jeune orpheline | |
| MARIE, fille de Duhamel | Jenny. |
| IRMA, femme de chambre d'Aline | Jardin. |

La scène se passe à Paris, en 1847.

## ACTE PREMIER.

### CHEZ M. DUHAMEL.

Un salon richement meublé. — Porte au fond; portes latérales à droite et à gauche. — Divan, guéridon, etc. — Un livre sur la cheminée et plusieurs journaux.

### SCÈNE I.

BRÉMONT, ARTHUR, UN DOMESTIQUE.

ARTHUR, au domestique qui les introduit.
Comment ! M. Duhamel n'est pas chez lui ?
LE DOMESTIQUE.
Non, monsieur.
ARTHUR.
Et Mlle Marie !
LE DOMESTIQUE.
Mademoiselle est sortie avec son père; mais ils ne tarderont pas à rentrer.
ARTHUR.
C'est bien, nous attendrons... (Le domestique fait un pas pour sortir.) Ah ! si M. Oscar de Bonarsot se présente, dites-lui que nous sommes ici... et si l'on vient me demander, prévenez-moi.
LE DOMESTIQUE.
Oui, monsieur. (Il sort.)

### SCÈNE II.

BRÉMONT, ARTHUR.

BRÉMONT.
Vraiment, mon cher Arthur, je ne te comprends pas... le jour de la signature d'un contrat... à la veille d'épouser une femme charmante dont les attraits sont embellis par l'éclat flatteur que donnent deux cent mille francs de dot, tu es triste, rêveur... tu as la figure d'un homme sacrifié !... Et cependant, combien de gens envieraient ton sort... heureux mortel !...
ARTHUR.
Il est vrai, Marie est charmante; elle a toutes les grâces, toutes les vertus, tous les talens...
BRÉMONT.
Et de très belles espérances... M. Duhamel est fort riche... il vieillit... Que diable, mon cher, il n'est pas éternel !

ARTHUR.

Ah! Brémont, quelle idée!... Crois-tu donc que j'épouse Marie pour sa fortune? que l'amour de l'argent puisse me faire désirer un seul instant la mort de M. Duhamel?

BRÉMONT.

Ah! loin de moi cette pensée... Je connais ton cœur, et depuis long-temps... Quand nous étions camarades au collége, on te surnommait déjà le petit Aristide... Oh! tu n'es pas changé... Je rends hommage à toutes tes vertus.

ARTHUR.

Toi non plus, tu n'es pas changé... toujours caustique!

BRÉMONT.

Du tout, c'est la vérité; je répète ce que tout le monde dit de toi... Ne jouis-tu pas de l'estime publique, n'occupes-tu pas une des premières positions parmi tes confrères, n'es-tu pas enfin un des avocats distingués du barreau parisien?...

ARTHUR.

Ah! mon ami, au milieu de ce bonheur apparent, il est parfois bien des ennuis, bien des chagrins...

BRÉMONT.

Oh! mais alors...

AIR de Colatto.

De tes ennuis, oui, de tous tes chagrins
Je veux avoir encor la confidence.
Comme autrefois, quand nous étions bambins,
N'as-tu donc plus en moi de confiance?...
Voyons, dis-moi les peines de ton cœur...
Eh quoi! tu m'en fais un mystère;
Un vieil ami d'enfance, c'est un frère :
J'ai droit d'avoir ma part de ta douleur,
Je veux avoir ma part de ta douleur.

ARTHUR.

Merci, Brémont, merci; ton amitié ne pourrait m'être d'aucun secours.

BRÉMONT.

Arthur, Arthur!... tu me caches quelque chose.

ARTHUR.

Rien, je t'assure.

BRÉMONT.

Gageons que je devine ton secret...

ARTHUR.

Ah! Brémont... je t'en prie... assez...

BRÉMONT.

Cela te contrarie... n'en parlons plus... (Après un temps.) Je suis allé la semaine dernière me promener dans la forêt de Saint-Germain.

ARTHUR.

Eh bien?

BRÉMONT.

Eh bien! j'ai rencontré, ou plutôt j'ai surpris un de mes intimes, que tu connais beaucoup, en tête-à-tête mystérieux avec une petite jeune fille fort jolie.

ARTHUR.

Ah!...

BRÉMONT.

Oui, avec une jeune fille que je connais beaucoup aussi... une certaine Blanche, une toute jeune orpheline qu'on citait à Montpellier comme la plus belle et la plus sage de l'endroit... Mais, autre temps, autres mœurs.

ARTHUR.

Brémont!...

BRÉMONT.

Tu la connais?

ARTHUR, troublé.

Moi... non...

BRÉMONT.

Le jeune homme, mon ami intime, tu ne devines pas qui c'était?...

ARTHUR.

Mais... non.

BRÉMONT.

C'était toi.

ARTHUR.

Moi!...

BRÉMONT.

Oui, toi.

ARTHUR.

Silence, au nom du ciel!...

BRÉMONT.

Avoue que c'est là le secret que tu voulais me cacher?

ARTHUR.

Brémont!... au nom de notre amitié, pas un mot de plus. Les apparences me condamnent, mais ma conscience m'absout : ni M<sup>lle</sup> Duhamel, ni son père n'ont rien à me reprocher.

BRÉMONT.

Comment donc!... t'accuser est bien loin de ma pensée... Quoi de plus naturel, de plus innocent? Vous êtes fatigué des affaires, vous avez l'esprit mélancolique, vous allez à Saint-Germain pour respirer un air pur... vous vous promenez dans la forêt, sans penser à rien; vous rencontrez, par hasard, une jeune fille de votre connaissance, qui se trouve là, seule dans le bois, toujours par hasard; vous lui offrez le bras par politesse; elle le prend par reconnaissance; vous causez par nécessité, vous vous asseyez par lassitude, et on vous rencontre par accident... On voit cela tous les jours; ni amis, ni fiancée, ni beau-père n'ont le droit de se plaindre.

ARTHUR.

Ah! de grâce... brisons là!

BRÉMONT.

Si quelqu'un a le droit de te faire un reproche, c'est moi seul; car enfin, M<sup>lle</sup> Duhamel m'était promise avant ton arrivée dans cette maison... Mais tu es venu, on t'a vu, et tu as vaincu... Je n'en suis pas moins resté ton ami le plus dévoué.

ARTHUR.

Oui, je connais ton excellent cœur.

## SCÈNE III.
### LES MÊMES, OSCAR.

OSCAR, qui a entendu les derniers mots.
Excellent cœur... Vous parliez de moi.

AIR du 3ᵉ acte des Mémoires du Diable.

> Me voilà! (*Bis.*)
> J'accours plein d'allégresse,
> Me voilà! (*Bis.*)
> Partageant ton ivresse,
> Pour signer ton contrat.
> Oui, déjà,
> Me voilà,
> Me voilà !

ARTHUR.
Nous te désirions.

BRÉMONT.
Eh! viens donc vite; quand tu n'es pas là, on ne rit pas.

OSCAR.
C'est ce que tout le monde dit, mon bon... Définitivement, malgré ma modestie, je serai forcé de croire que je suis un garçon très agréable, car, dès que j'entre dans un salon, tous les visages s'épanouissent, et c'est un rire universel. Ça me flatte; mais ça me fatigue.

BRÉMONT.
Pourquoi diantre aussi as-tu tant d'esprit ?

ARTHUR.
C'est un fardeau difficile à porter.

OSCAR.
Terriblement difficile, et c'est pour cela que je veux fuir le tourbillon du monde.

BRÉMONT.
Comment! et la comédie bourgeoise que tu joues si bien, tu y renoncerais... malgré tes brillans succès ?

OSCAR.
Je veux me livrer à des études sérieuses, à des travaux littéraires.

ARTHUR.
Ah ! et à quel genre de littérature as-tu donné la préférence ?

OSCAR.
Je cultiverai tous les genres: je ferai des romances, des poésies légères, des contes badins... Je crois qu'on ne fera pas trop mal le conte badin... Mais ce qui me sourit davantage, c'est la littérature dramatique; j'ai fait une tragédie avec un titre superbe... *Laïs !* tragédie classique en cinq actes, précédés d'un prologue ; tu sais, à la manière antique, avec chœurs, comme auraient pu faire Eschyle, Euripide; mais c'est moins rococo, c'est d'une facture tout à fait nouvelle... J'ai demandé lecture au Théâtre-Français.

BRÉMONT.
Et on t'a répondu ?

OSCAR.
On ne m'a pas répondu ; mais on me répondra.

BRÉMONT.
Parbleu !

ARTHUR.
Puisque tu veux écrire pour le théâtre, tu fais bien de te livrer au genre sérieux.

OSCAR.
Oh ! je ne dédaigne pas le vaudeville... J'en ferai... J'ai dans mes cartons une pièce de genre en cinq actes et treize parties, que je veux donner au Gymnase... J'ai demandé lecture.

BRÉMONT.
Et on t'a répondu ?

OSCAR.
On ne m'a pas répondu... mais on me répondra.

BRÉMONT.
Parbleu !

OSCAR.
Et je compte sur mes droits d'auteur pour payer mes créanciers; car dans ce moment-ci ma caisse est fort malade... Mon père est à mon égard d'une économie que je m'abstiens de qualifier..

BRÉMONT.
Comment ! ton père est avare, lui, un marquis de la vieille roche, un riche propriétaire ?... C'est affreux. Il devrait comprendre les besoins d'un jeune homme du monde.

ARTHUR.
Les plaisirs de Paris coûtent si cher...

BRÉMONT.
Sans doute, on est fils de famille, ou on ne l'est pas. Quand on a un beau nom à porter, qu'on va dans le monde; quand on fréquente les artistes, qu'on a pour déesse la reine de la mode... A propos, est-ce toujours Aline Patin ?

OSCAR.
Non, mon cher ; nous rompîmes il y a plus de deux mois ; mais nous sommes restés bons amis. Aline est une bonne fille, folle, légère, spirituelle, menant joyeusement la vie... Mais son amour est hors de prix ; quoique simple choriste de l'Opéra, elle étale un luxe qui fait rougir de jalousie plus d'un premier sujet.

BRÉMONT.
Eh bien ! quand on a eu l'honneur d'être le chevalier servant de la célèbre Aline Patin, que je ne connais pas du tout, on ne peut pas vivre comme un épicier... Ah! si tu étais le fils d'un épicier.

OSCAR, à part, tressaillant.
Hein !... (Haut.) Oui, certainement, si j'étais le fils d'un..... (A part.) Pourquoi diable me parle-t-il d'épicier, justement à moi qui... Est-ce qu'il saurait par hasard que je suis...

BRÉMONT.
Ton père est inexcusable, car il y a même des épiciers...
OSCAR, à part.
Encore... Je ne me sens pas bien.
BRÉMONT.
J'en connais, moi ; il y a des épiciers de province qui envoient leurs fils à Paris faire leurs études, et qui leur donnent assez d'or pour passer leur vie dans l'oisiveté et dans le luxe le plus ridiculement fastueux.
OSCAR.
Comment !... vraiment... il y a des fils... (A part.) Je ne me sens pas bien du tout.
BRÉMONT.
Oui... et ces gaillards-là se font littérateurs, n'est-ce pas, Oscar, tu connais ça ?
OSCAR.
Hein ! moi ?... Non, non, connais pas.

## SCÈNE IV.
### LES MÊMES, UN DOMESTIQUE.

LE DOMESTIQUE, à Arthur.
Monsieur Maucroix est prié de passer de suite chez M<sup>me</sup> de Saint-Preux ; on attend sa réponse.
ARTHUR.
J'y vais... Pardon, mes amis ; vous le voyez, on me fait demander ; il s'agit du choix de la corbeille, une affaire importante ; si M. Duhamel rentrait avant moi, dites-lui que je reviens dans un instant.

ENSEMBLE.
AIR : Pas tant de tapage. (Loïsa Puget.)

ARTHUR.
Amis, je vous quitte.
Mais bien vite,
Tout de suite,
Je reviens près de vous,
Après ma visite.
Pour qu'une corbeille
Sans pareille
L'émerveille,
Une femme de goût
Me choisira tout.

BRÉMONT et OSCAR.
Comment ! il nous quitte.
Mais bien vite,
Tout de suite,
Il revient près de nous,
Après sa visite.
Pour qu'une corbeille
Sans pareille
L'émerveille,
Une femme de goût
Lui choisira tout.

## SCÈNE V.
### OSCAR, BRÉMONT.

BRÉMONT.
Le choix de la corbeille !... L'hypocrite, il croit nous duper... Sais-tu quelle est cette dame de Saint-Preux qui le fait demander ?
OSCAR.
La femme d'un vieux marquis affreux, goutteux, catharreux, souffreteux.
BRÉMONT.
Et la maîtresse d'Arthur.
OSCAR.
Ah bah !...
BRÉMONT.
Comment ! tu l'ignorais ?
OSCAR.
Oui, vraiment je n'aurais jamais soupçonné ce garçon-là capable d'avoir encore une intrigue le jour de son mariage... Il est trop candide, trop pur. Ah ! s'il était un lionceau comme moi... à la bonne heure !... ce sont là de mes scélératesses ; mais lui ! un Caton... c'est invraisemblable.
BRÉMONT.
Le vrai peut quelquefois...
OSCAR.
N'être pas vraisemblable... Je connais... Je sais tout Molière... J'ai une mémoire excellente.
BRÉMONT.
Je le vois... Eh bien ! Arthur, cet homme dont on admire partout le désintéressement, dont on admire la conduite... Arthur est un hypocrite.
OSCAR.
Allons donc !
BRÉMONT.
Et, de plus, un libertin.
OSCAR.
Pas possible ?
BRÉMONT.
Oui, mon cher ; et ton devoir t'ordonne de le faire connaître à M. Duhamel, pour sauver sa fille des dangers d'une telle alliance.
OSCAR.
Ah ! par exemple ! accuser un ami... jamais.
BRÉMONT.
Tu refuses de me servir ?
OSCAR.
Je refuse de trahir Arthur.
BRÉMONT.
Il est moins scrupuleux, lui.
OSCAR.
Que veux-tu dire ?
BRÉMONT.
Il connaît ton amour, ta passion pour la petite Flora, n'est-ce pas ?
OSCAR.
Eh bien ?...
BRÉMONT.
Eh bien ! l'étroite amitié qui vous unit ne l'a pas empêché de te souffler son cœur.
OSCAR.
Comment ! c'est lui qui m'aurait... La preuve ?...

## ACTE I, SCÈNE VII.

**BRÉMONT.**

Je l'ai rencontré avec elle au bois de Boulogne; et d'ailleurs, tout Paris sait qu'il est son favori.

**OSCAR.**

Oh! quelle horreur!... Je vais lui demander raison.

**BRÉMONT.**

AIR du Carnaval. (Fleurs animées.)

Y penses-tu?... risquer ainsi ta vie
Avec Arthur, l'émule de Grisier !
Ne sais-tu pas que jamais il n'oublie
D'aller au tir chaque jour s'essayer ?
Si tu te bats, ton sort est sûr d'avance:
Tu peux sans crainte engager tes amis
A ton convoi...

**OSCAR,** chantant.

La plus noble vengeance
C'est mon silence et mon profond mépris. (*Bis.*)
(Parlé.) Je ne lui dirai rien, mais je mépriserai en dedans, sans qu'il s'en doute.

**BRÉMONT.**

Ce n'est point assez; il faut lui rendre la pareille ; il te prend ta maîtresse, prends-lui sa future... Tu y gagneras une riche héritière et tu te vengeras.

**OSCAR.**

En effet, lui souffler sa future serait délicieux... mais comment ?

**BRÉMONT.**

Rien de plus facile, elle t'adore.

**OSCAR.**

Moi !

**BRÉMONT.**

Certainement ; avec ton esprit, ta tournure et surtout ta réputation de mauvais sujet, tu as emporté d'assaut le cœur de la belle Marie !

**OSCAR.**

Ah!... bah !

**BRÉMONT.**

Aucune femme ne peut vous résister, petit mauvais sujet.

**OSCAR.**

Il est vrai qu'involontairement je séduis.

**BRÉMONT.**

Ainsi, c'est entendu : tu feras ta cour à Marie ?

**OSCAR.**

C'est entendu.

**BRÉMONT.**

Pour l'obtenir de son père, tu lui diras tout ce que tu sais sur le compte d'Arthur ?

**OSCAR.**

Oui, je dirai au père, à la fille, je crierai partout les immoralités de cet homme pervers.

**BRÉMONT.**

Une voiture entre dans la cour de l'hôtel... C'est M. Duhamel et sa fille... Vite, en chevalier galant, cours offrir ta main à la jolie Marie, ton rôle d'amoureux commence.

**OSCAR.**

J'y cours...

**BRÉMONT.**

Très bien!... Et moi, en échange du service que tu vas rendre à ce bon Duhamel, je te promets de ne dire à personne que tu es le fils d'un épicier.

**OSCAR.**

Quoi ! tu sais?... Oh ! mon ami, silence !... Je suis déshonoré si jamais on apprend...

**BRÉMONT.**

Que tu es le fils d'un honnête homme?... Je me tairai... Va donc !

## SCÈNE VI.

**BRÉMONT,** seul.

Ce garçon-là m'est tombé très heureusement sous la main... Son amour-propre et sa sottise, joints à la peur qu'il a d'être démasqué, m'en feront un excellent auxiliaire pour perdre Arthur. Ah! M. Arthur, vous croyez que je me laisserai souffler le cœur de Marie comme celui de Blanche... Un instant, mon excellent ami, il ne s'agit point d'une maîtresse aujourd'hui, mais de deux cent mille francs de dot. Aussi, quand je devrais enlever Marie pour l'obtenir, je l'enlèverais ; il me la faut, et je l'aurai... C'est singulier, l'heure s'écoule et je ne vois point arriver cette petite Blanche, elle doit pourtant avoir reçu ma lettre... Diantre ! si elle ne venait point, cela ne ferait pas mon affaire... Oh ! cette nouvelle l'intéresse trop pour qu'elle ne se hâte pas d'accourir ici... Rassurons-nous, elle viendra.

## SCÈNE VII.

**MARIE, OSCAR, DUHAMEL, BRÉMONT.**

**DUHAMEL.**

Eh! c'est vous, mon cher Brémont... désolé de vous avoir fait attendre... Mais le jour de la signature d'un contrat... vous ne savez pas comme les pères sont occupés... C'est ceci, c'est cela... c'est l'un, c'est l'autre ; on vient, on va, on parle, on s'agite, on se fatigue et on n'a rien fait... Et ça va bien ?

**BRÉMONT.**

Très bien... merci !...

**DUHAMEL.**

Moi, j'ai toujours ma névralgie... des spasmes, des vapeurs... J'ai le système nerveux très délicat ; et puis j'ai le cœur si sensible...

**OSCAR.**

C'est comme moi... je suis affligé d'une foule de malaises qui tiennent à l'extrême sensibilité de mes nerfs... Etes-vous nerveuse, mademoiselle ?...

**MARIE.**

Non, monsieur.

DUHAMEL.

Ah ça! mon cher Brémont... j'ai à vous consulter sur quelques clauses du contrat... J'ai grande confiance en votre expérience des affaires, et tous ces gens de loi, avec leurs termes barbares, avec leurs grands mots, leurs belles phrases, me font perdre la tête.

BRÉMONT.

Je suis tout à vous.

DUHAMEL.

Passons dans mon cabinet... Marie tiendra compagnie à M. Bouarsot... D'ailleurs, nous ne serons qu'un instant.

OSCAR.

Eh bien! pendant ce temps... pour égayer mademoiselle, je lui lirai ma *Laïs*.

BRÉMONT, bas.

Tu lui feras ta déclaration...

OSCAR, bas.

Je vais la subjuguer.

DUHAMEL, qui remonte.

Brémont, je vous attends.

BRÉMONT.

Je vous suis. (A part, regardant Oscar.) Laissons-le s'enferrer : celui-là n'est pas un rival dangereux.

(Brémont et Duhamel sortent à gauche.)

## SCÈNE VIII.
### OSCAR, MARIE.

OSCAR, à part.

Soyons séduisant! (A Marie, qui s'est assise à droite, et qui ouvre un livre placé sur la cheminée.) Mademoiselle... je... vous avez une toilette délicieuse, parole d'honneur !

MARIE.

Vous trouvez, monsieur? (Elle rit.)

OSCAR.

Mais vous n'en avez pas besoin pour être adorable... car le charme de votre séduisante personne, joint à l'esprit qui... font que certainement... Ainsi, je dirai avec notre grand Molière... que toujours la parure embellit la... (A part.) C'est drôle, quand je sais qu'une femme a une passion pour moi, ça me gêne, et je ne trouve rien à lui dire !

MARIE.

Vous avez donc fait une tragédie, monsieur Oscar?

OSCAR.

Oui, mademoiselle, cinq actes, précédés d'un prologue, à la manière antique.

MARIE.

Ah !... Eh bien ! voyons, monsieur, commencez la lecture de votre œuvre... je vous écoute... (A part.) Une tragédie de sa façon... cela doit être bien amusant.

OSCAR.

Ah! permettez, belle Marie, que j'emploie les heureux instants de ce fortuné tête-à-tête à vous exprimer toute la félicité d'un cœur qui a deviné le vôtre.

MARIE.

Je ne vous comprends pas, monsieur.

OSCAR.

Cependant vous devez bien penser qu'à l'aspect de tant de grâce et de beauté...

MARIE.

Eh bien ?

OSCAR.

Eh bien ! à la vue de tant de grâce et de beauté...

MARIE.

J'ai bien entendu... Après?

OSCAR.

Après?... (A part.) Ah ça! pour une femme qui m'adore, elle ne m'aide pas du tout... Moi, j'ai l'habitude des lionnes, des conversations badines... Aline Patin ne m'a point habitué aux cérémonies... Les jeunes filles bourgeoises m'intimident.

MARIE.

Ah ça ! qu'avez-vous donc, monsieur Oscar?... Vous paraissez troublé, préoccupé, distrait...

OSCAR.

Ah! mademoiselle... pouvez-vous croire qu'auprès de vous... mon cœur... ma tête... mes pensées... (A part.) Non, je ne trouverai rien... Quelle situation!... Ah! et mon Molière que j'oubliais... Grâce à toi, ô grand homme! je vais être éloquent... Voyons, quelle pièce?... *Georges Dandin*, que j'ai joué dimanche chez la duchesse. (Déclamant.) « Ah ! madame !... (Se reprenant.) » Mademoiselle, puis-je assez vous entre-
» tenir, et trouver en si peu de temps toutes les
» paroles dont j'ai besoin? Il me faudrait des
» journées entières pour me bien expliquer à
» vous de tout ce que je sens, et je ne vous ai
» point dit encore la moindre partie de ce que
» j'ai à vous dire... »

MARIE.

Alors, parlez, ou bien je me retire.

OSCAR, toujours déclamant.

« Hélas! de quel coup me percez-vous l'âme,
» lorsque vous me parlez de vous retirer ; et avec
» combien de chagrins m'allez-vous laisser main-
» tenant ! »

MARIE, à part.

Mais que dit-il donc?... C'est singulier , il me semble que ce matin, j'ai lu...

(Elle feuillette son livre.)

OSCAR, à part.

Qu'on dise, après cela, que jouer la comédie bourgeoise n'est pas d'une grande utilité... Continuons... (Haut.) « Ah ! il faut avouer que celui

» qu'on vous a donné est peu digne de l'honneur
» qu'il a reçu... (Se reprenant.) qu'il recevra... »

MARIE, qui pendant ce récit a suivi sur son livre, riait aux éclats.

Ah! ah! ah!... Oui, c'est bien cela... (A part.) Voyons jusqu'où ira son audace.

OSCAR, à part.

Elle est émue!... Oh! ma mémoire, que je te remercie!... (Haut.) « Vous méritez, sans doute » une toute autre destinée, et le ciel ne vous a point faite pour être la femme d'un paysan... » (Se reprenant.) Non, d'un agent de change....

MARIE.

Mais non, mais non, d'un paysan; vous disiez fort bien, monsieur, et vous avez une mémoire très exacte, je vous en félicite...

OSCAR.

Aïe!...

MARIE, lui mettant son livre sous les yeux.

Vous possédez parfaitement votre Molière...

OSCAR.

Molière!... Je possède Molière?...

MARIE.

Mais oui... Ne venez-vous point de me répéter à l'improviste cette scène de *Georges Dandin?*...

OSCAR.

*Georges Dandin?...* Moi, je vous ai répété *Georges Dandin?*

MARIE.

Non, Clitandre.

OSCAR.

Clitandre?... Connais pas.

MARIE.

Vous niez maintenant?... Quoi! n'est-ce pas mot à mot ce que vous venez de me dire. (Elle lui montre la scène.) *Georges Dandin,* troisième acte, scène cinq; voyez plutôt.

OSCAR.

Tiens, c'est ma foi vrai... Comme les beaux esprits se...

MARIE.

Enfin, monsieur, m'expliquerez-vous ce que cela signifie?

OSCAR, d'un ton très décidé.

Eh bien! oui, je m'expliquerai... Cela signifie que je suis Clitandre, que vous êtes Angélique, que vous m'adorez, que je vous adore... Vous allez épouser Georges Dandin, c'est-à-dire Arthur, malgré vous, pour obéir à votre père; mais je sais que l'objet de toutes vos affections, de tous vos désirs, c'est moi... Votre naïve pudeur vous défend de me l'avouer... Oui, mais je le sais; soyez tranquille... je ferai manquer cet affreux mariage que vous détestez, je vous épouserai, vous serez heureuse, et moi aussi... Voilà, charmante Marie, ce que cela signifie.

MARIE.

Qu'est-ce que j'entends là, mon Dieu!...

OSCAR.

La vérité! N'est-ce pas que j'ai de la pénétration?... j'ai découvert le secret de ce petit cœur, la cause de ces gros soupirs...

MARIE.

Je ne vous comprends pas du tout, monsieur.

OSCAR.

Certainement, vous ne devez pas avoir l'air de me comprendre... Mais moi, je me suis aperçu de l'amour que je vous inspire... Que voulez-vous?... j'ai tant de perspicacité!...

MARIE.

Encore!... Assez, de grâce... Vous oubliez sans doute chez qui vous êtes et à qui vous parlez... Un tel langage suffirait pour justifier ma colère et mon indignation; mais, comme il a son côté plaisant, j'aime mieux en rire et vous tirer d'une erreur que je n'ai point fait naître.

AIR des vingt sous de Perinette. (P. Heurion.)

Non, je ne vous aime pas...
Cela vous paraît étrange;
Moi, jamais mon cœur ne change,
Et j'en aime un autre...

OSCAR.

Hélas!...

MARIE.

Oui, celui qui sut me plaire,
C'est un de vos bons amis;
Et, présenté par mon père,
Pour époux il m'est promis.
Ah! ah! ah! lorsque j'y pense,
De plaisir frémit mon cœur;
Oui, j'aime Arthur... Cette alliance
C'est mon désir, c'est mon bonheur!

Vous voyez, monsieur, que votre pénétration est en défaut, et que votre perspicacité n'est pas heureuse...

OSCAR.

Cependant...

MARIE.

Mais pardon... j'ai différens ordres à donner, les apprêts de cette soirée réclament ma présence, je suis forcée de vous laisser seul... Veuillez m'excuser...

(Elle sort en lui faisant une froide révérence.)

## SCÈNE IX.

OSCAR, seul.

Ah çà! mais... que m'a donc dit Brémont?... Cette petite fille-là n'a pas du tout l'air de m'adorer... A moins qu'elle ne dissimule... Brémont aurait-il voulu s'amuser à mes dépens?... (Se mirant.) Oh! non... je crois plutôt qu'elle dissimule... Heureux Faublas, va!

## SCÈNE X.
### OSCAR, DUHAMEL, BRÉMONT.

DUHAMEL, continuant une conversation.

Oui, mon cher Brémont... voilà ce qui me désole... le veuvage m'est contraire... J'ai le cœur jeune... je suis d'une nature aimante, et chaque fois qu'un doux visage de jeune fille m'apparaît... j'éprouve immédiatement là... une commotion électrique... (Apercevant Oscar.) Comment, mon cher monsieur de Bonarsot, vous êtes seul ?... Qu'avez-vous donc fait de Marie ?

OSCAR.

Elle vient de s'envoler à l'instant... Les préparatifs de la soirée...

DUHAMEL.

Ah! c'est juste... Et surtout ce soir ne vous faites pas attendre ; songez que toutes nos jeunes personnes comptent sur vous pour les faire danser.

OSCAR.

Danser !... Oh ! non... je ne danse plus...

BRÉMONT.

Tu valseras alors.

OSCAR.

Valser !... Oh ! oh! quelle horreur !... C'est commerçant en diable, mon bon... Nous autres hommes du monde, nous ne valsons plus.

DUHAMEL.

Que faites-vous donc au bal ?

OSCAR.

Nous nous rafraîchissons, nous buvons du punch... nous jouons à la bouillotte, au whist, au lansquenet...

DUHAMEL.

Ah! c'est différent... M. Arthur danse et valse, lui...

OSCAR.

Arthur danse, parce que...

BRÉMONT.

Parce qu'en dansant il trouve moyen de faire des déclarations aux jeunes filles...

OSCAR.

C'est ce que j'allais dire... Et puis, parce que...

BRÉMONT.

Parce qu'en valsant on presse sur son cœur la femme que l'on aime... N'est-ce pas ?

DUHAMEL.

Ma foi, messieurs, quand je valsais, moi, je valsais pour valser, et quand je dansais, je dansais pour...

BRÉMONT.

Pour danser... Mais vous c'est différent... Vous n'étiez pas, comme Arthur, l'amant de toutes les femmes...

DUHAMEL.

Comment, l'amant de toutes les femmes ?

BRÉMONT.

Ah! pardon, j'oubliais... fou que je suis... j'oubliais que vous alliez lui donner votre fille.

DUHAMEL.

Ah ! mais un instant !... quand il s'agit du bonheur de ma fille, je ne plaisante point ! Est-ce que, par hasard, vous lui connaîtriez encore quelque intrigue ?...

BRÉMONT, avec une hésitation hypocrite.

Non...

DUHAMEL.

Vous me dites cela de manière à m'inquiéter vivement... Et vous, monsieur Oscar, est-ce que vous le croyez capable de...

BRÉMONT, vite, d'un ton sentencieux.

Oscar !... songe qu'Arthur est ton ami, et que tu ne dois pas l'accuser !...

DUHAMEL.

Oh ! ces regards d'intelligence que vous échangez me disent tout !... Il trompe Marie, il me trompe... Eh bien ! messieurs, je m'en doutais, et j'avais tort de ne pas m'en rapporter à mon premier jugement ; car je l'ai jugé, messieurs, et moi, messieurs, je suis très bon physionomiste, je possède au plus haut degré l'art de Lavater... Ce jeune homme-là porte sur sa figure le cachet du vice, de la débauche et du libertinage.

BRÉMONT.

Puisque vous l'avez jugé, monsieur, puisque vous avez tout deviné, j'essaierais en vain de le disculper... Vous m'honorez de votre confiance ; je sacrifierai l'amitié à mon devoir d'honnête homme... Et toi, Oscar ?

OSCAR, embarrassé.

Moi... je... certainement... puis monsieur l'honore... nous honore de sa confiance, je sacrifierai l'amitié à mon devoir...

DUHAMEL, serrant la main d'Oscar.

Digne jeune homme !... (Puis serrant celle de Brémont, il répète.) Digne jeune homme !... Eh bien ?...

BRÉMONT.

Eh bien !...

AIR : Rendez-lui sa jeunesse. (Fiole de Cagliostro.)

On dit que de la femme...

DUHAMEL, répétant.

On dit que de la femme ?...

BRÉMONT.

De ce pauvre Saint-Preux...

OSCAR.

Ce vieillard valeureux...

BRÉMONT.

Ah ! c'est vraiment infâme !...

OSCAR.

C'est même plus qu'infâme !...

BRÉMONT.

Arthur est l'amoureux...

DUHAMEL.

Quelle horreur ! c'est affreux !

BRÉMONT.
Et sans délicatesse,
Il souffla la maîtresse
De notre cher Oscar.
DUHAMEL.
Ah!...
Cet Arthur est infâme!...
BRÉMONT et OSCAR.
Oh oui! c'est un infâme!...
DUHAMEL.
Un monstre!... un séducteur!...
OSCAR et BRÉMONT.
Un affreux séducteur!...
DUHAMEL.
Homme sans cœur, sans âme!...
OSCAR.
Il n'a pas cela... d'âme!...
BRÉMONT.
C'est un grand suborneur!...
ENSEMBLE.
OSCAR et BRÉMONT.
Quel calomniateur!...
DUHAMEL.
C'est un grand suborneur!...
BRÉMONT.
Oscar a découvert encore qu'Arthur a séduit et enlevé du sein de sa famille une jeune personne nommée Blanche, qu'il cache aujourd'hui dans une retraite mystérieuse... et, cette jeune fille, Oscar l'a vue hier...
OSCAR, bas, à Brémont.
Mais... c'est toi...
BRÉMONT, continuant.
Au bras de son séducteur...
OSCAR, bas, à Brémont.
Ah! ah! permets donc.:
BRÉMONT.
Dans une sombre et solitaire forêt...
OSCAR, de même.
Ah! Brémont, je t'en prie...
BRÉMONT.
Oscar l'a vu presser cette jeune fille sur son sein...
OSCAR.
Moi! par exemple...
DUHAMEL.
Ah! quelle infamie!... Et voilà l'époux que j'allais donner à ma chère Marie!... Pauvre enfant!... quel bonheur que ces dignes jeunes gens m'aient éclairé!... Je n'avais que des soupçons... soupçons que j'aurais fini par éclaircir, messieurs, car je suis...
BRÉMONT.
Très bon physionomiste...
DUHAMEL.
Oui... quand on a comme moi...
BRÉMONT.
Étudié Lavater...
DUHAMEL.
Et qu'on sait faire des charades...

BRÉMONT.
On a l'habitude de deviner...
DUHAMEL.
On a l'esprit pénétrant; n'est-il pas vrai, monsieur Oscar?
OSCAR.
Oui, mon cher monsieur Duhamel, très pénétrant...
BRÉMONT.
Cet homme-là est délicieusement simple!...

## SCÈNE XI.
### Les Mêmes, un Domestique.

LE DOMESTIQUE, du fond.
Une jeune personne voilée, qui a refusé de me dire son nom, demande à monsieur la faveur d'un entretien particulier.
DUHAMEL, étonné.
Une jeune personne voilée!...
OSCAR et BRÉMONT.
Ah bah!...
DUHAMEL.
Faites entrer... (Le domestique sort.) Vous le voyez, messieurs, une bonne fortune qui vient me trouver... Désolé... mais la beauté ne doit pas attendre... Veuillez passer au billard quelques instans...
BRÉMONT.
Ah! monsieur Duhamel, vous recevez une déesse mystérieuse...
OSCAR.
Il est trop juste que nous lui cédions la place.

## SCÈNE XII.
### Les Mêmes, BLANCHE.

(Oscar et Brémont sont sur le pas de la porte latérale lorsque Blanche fait son entrée; ils se retournent quand elle lève son voile.)
BRÉMONT.
Enfin, la voilà!...
OSCAR.
Tiens!... Aline Patin!...
BRÉMONT.
Qu'est-ce que tu dis donc?... c'est Blanche!
OSCAR.
Du tout, c'est Aline!... Je la connais bien, pardieu!
BRÉMONT.
Mais je te dis que c'est Blanche, la maîtresse d'Arthur, l'ingénue de Saint-Germain.
OSCAR.
Allons donc! c'est Aline, la dame des chœurs de l'Opéra...
BRÉMONT.
Tu es fou; c'est Blanche.

OSCAR.
Dix louis que c'est Aline!
BRÉMONT.
Soit... je tiens le pari... (Ils sortent à droite.)

## SCÈNE XIII.
### BLANCHE, DUHAMEL.

BLANCHE, s'avançant.
Veuillez excuser mon trouble, monsieur, et l'importunité de ma démarche... Mais le but de ma visite est d'une si grande importance pour mon avenir, que j'ose espérer de votre bienveillance des éclaircissemens que vous seul pouvez me donner, et desquels dépend le bonheur de ma vie entière.

DUHAMEL.
Trop heureux, mademoiselle, si je puis être agréable ou utile à une aussi gracieuse personne... (A part.) Quel visage céleste!... (Haut.) Je cherche dans mes souvenirs... il me semble avoir déjà vu...

BLANCHE.
En effet, monsieur... l'hiver dernier, au bal, chez Mme de Saint-Preux...

DUHAMEL.
C'est vrai... Vous êtes sa parente?

BLANCHE.
Non, monsieur... je n'ai point de parens...

DUHAMEL.
Si jeune!...

BLANCHE, se levant.
Pardon... je reviens au motif de ma visite...

DUHAMEL.
Voyons, mademoiselle...

BLANCHE.
Mes questions vont vous paraître bien étranges, bien indiscrètes, peut-être... mais, je vous le répète, monsieur... il s'agit du repos de toute mon existence.

DUHAMEL.
Parlez vite, mademoiselle... je vous écoute, et suis prêt à vous répondre... (A part.) Je n'ai jamais vu de pareils yeux.

BLANCHE.
Vous avez une fille, monsieur?...

DUHAMEL.
Oui, mademoiselle.

BLANCHE.
Très jolie?...

DUHAMEL.
Je la croyais belle avant de vous avoir vue.

BLANCHE.
Vous la mariez?

DUHAMEL.
Dans un instant on signe le contrat.

BLANCHE.
Et celui qui va l'épouser s'appelle?...

DUHAMEL.
Arthur Maucroix.

BLANCHE, très émue.
Arthur!... Il est donc bien vrai...

DUHAMEL.
Mais puis-je savoir à qui j'ai l'honneur de parler?...

BLANCHE.
A une pauvre orpheline, abandonnée de tous, monsieur... seule sur la terre... qui n'avait pour appui qu'une personne au monde, pour bonheur que son amour, et qui perd à la fois son appui et son bonheur.

DUHAMEL.
Pauvre enfant!.. Votre nom?

BLANCHE.
Blanche!...

DUHAMEL.
Quoi! vous êtes...

BLANCHE.
Celle qu'Arthur avait juré de protéger, d'aimer toute sa vie... celle qu'il abandonne aujourd'hui pour votre fille...

AIR : Faible, timide. (Vicomtesse Lolotte.)

Seule sur terre,
Et sans soutien,
L'amour d'un frère,
Est tout mon bien...
Oui, ma richesse,
Mon seul bonheur,
C'est la tendresse
De son cœur! (*Bis.*)
Cette tendresse que j'envie,
Une autre l'a prise en ce jour.
Ah! je puis vous devoir la vie,
Si vous me rendez son amour!
Ah! rendez-moi son tendre amour!
Seule sur terre, etc.

DUHAMEL, à part.
Ah! je me sens vivement ému!... Cette jeune fille est adorable... Je lui trouve quelque chose de virginal dans la physionomie... (Haut.) Mais comment avez-vous connu Arthur?

BLANCHE.
J'étais à Montpellier, il y a trois ans de cela... Ma pauvre vieille nourrice, qui m'avait prodigué des soins jusque alors, mourut en me recommandant à M. Arthur, qui lui fit serment, à son lit de mort, de guider ma jeunesse, d'aimer de toute son âme l'enfant que Dieu avait sevré, dès son berceau, des joies de famille, des embrassemens d'une mère... Alors, je le vis chaque jour, à toute heure; il ne me quittait pas... Ses soins étaient si tendres, si constans... ses paroles si douces, si pénétrantes, que je l'aimai, moi, sans m'en douter, sans le savoir... Il me semblait si heureux d'être près de moi, que mon bonheur était d'être avec lui... Et maintenant qu'il va falloir nous séparer... maintenant qu'il va devenir l'époux d'une autre femme... qu'il m'abandonnera... ah! je

le sens, monsieur... j'en mourrai... j'en mourrai!...

DUHAMEL, à part.
Cette petite m'attendrit... (Haut.) Non, non, mon enfant; vous n'en mourrez pas... car Arthur n'épousera point ma fille.

BLANCHE.
Vraiment?... Ah! monsieur, que de reconnaissance!...

DUHAMEL.
Silence! on vient. C'est lui, sans doute... Entrez là, et laissez-moi faire... Ah! voilà une femme comme j'en rêve une!

### SCÈNE XIV.
#### ARTHUR, MARIE.

MARIE, entrant par le fond avec Arthur.
En vérité, monsieur, tous les présens que renferment votre corbeille sont d'un goût exquis... les cachemires surtout...

(Oscar entre avec Brémont.)

### SCÈNE XV.
#### ARTHUR, MARIE, OSCAR et BRÉMONT.

OSCAR.
Tu n'es pas de ma force, mon cher, je te rendrais quinze points... J'ai remporté la première queue d'honneur à mon club... je carambole mieux que Paysan.

BRÉMONT.
Ah! nous arrivons mal à propos... Nous dérangeons un tête-à-tête.

ARTHUR.
Non, venez, mes amis... soyez témoins de ma félicité... Mais il se fait tard, le notaire ne vient pas... et je vais...

### SCÈNE XVI.
#### LES MÊMES, DUHAMEL.

DUHAMEL.
C'est inutile, monsieur; car, dès à présent, tout est rompu entre nous!...

MARIE.
Grand Dieu!...

ARTHUR.
Qu'entends-je!... que voulez-vous dire?... Expliquez-vous!

OSCAR, à part.
Aïe, aïe!... ça se gâte!...

BRÉMONT, de même.
J'ai réussi!

DUHAMEL.
Point d'explications, monsieur... Tout est rompu, vous dis-je!

ARTHUR.
Mais, monsieur...

BRÉMONT.
Nous nous retirons...

ARTHUR.
Non, mes amis, restez... C'est devant vous que monsieur vient de me faire cet affront... c'est devant vous qu'il doit m'en faire connaître le motif...

DUHAMEL.
Le motif, monsieur... c'est que je ne veux pas faire le malheur de ma fille.

MARIE et ARTHUR.
Mon
Son malheur?...

DUHAMEL.
En lui donnant pour époux un homme qui se plaît à porter le trouble dans d'honnêtes familles, à déshonorer un vieillard... à entretenir des danseuses... Vous voyez que je sais tout, monsieur, que je suis bien informé, et que j'ai un motif grave pour vous prier de discontinuer vos visites, et vous retirer ma parole.

MARIE.
Monsieur Arthur, serait-il possible?...

ARTHUR.
Pourriez-vous le croire, Marie!... Pourriez-vous ajouter foi à de si horribles calomnies!...

DUHAMEL.
Ce ne sont pas des calomnies, monsieur... ce sont des vérités!

ARTHUR.
Monsieur!... vous m'outragez!... Des preuves?...

DUHAMEL.
Des preuves?... soit!... Connaissez-vous M$^{me}$ de Saint-Preux?

ARTHUR.
Oui, monsieur... Eh bien?...

DUHAMEL.
N'allez-vous pas chez elle chaque jour?

ARTHUR.
Il est vrai.

DUHAMEL.
N'êtes-vous pas admis dans son intimité?

ARTHUR.
Sans doute... Mais qui oserait élever contre la réputation de M$^{me}$ de Saint-Preux le moindre soupçon?... qui oserait m'accuser?

DUHAMEL.
Qui?... Parbleu! tout le monde!... tous ceux qui connaissent vos intrigues avec cette petite Flora.

ARTHUR.
Ceux qui m'accusent, monsieur, sont de lâches calomniateurs!... Il est vrai, j'ai eu, j'ai même encore des rapports obligés, des relations d'affaires avec M$^{me}$ de Saint-Preux... mais ces relations

n'ont rien que d'honorable... et si je ne puis révéler le secret dont cette personne m'a fait le dépositaire, je puis du moins jurer sur mon honneur que je suis digne d'être l'époux de Marie, que j'aime et que j'estime trop pour l'exposer à rougir de moi...

MARIE.

Arthur, je vous crois.

DUHAMEL.

Me direz-vous aussi que ce sont des rapports obligés, des relations d'affaires, qui vous conduisent chaque jour chez une jeune fille que vous avez enlevée de Montpellier, et que vous cachez mystérieusement dans les environs de Paris ?..

ARTHUR, embarrassé.

Comment savez-vous ?...

DUHAMEL.

Ah! vous vous troublez, enfin ?...

BRÉMONT, à part.

Tire-toi de là, cher ami !...

ARTHUR.

Oui, je ne puis me défendre d'un sentiment d'indignation !...

DUHAMEL.

Eh! monsieur, ayez moins d'indignation et plus de honte !...

MARIE.

Ah! mon père!...

BRÉMONT.

Monsieur Duhamel...

OSCAR, à part.

Je voudrais bien m'en aller !..

DUHAMEL.

Nierez-vous lui avoir promis de ne jamais la quitter, d'être son protecteur, de l'aimer toujours ?... Parlez, répondez, justifiez-vous !...

MARIE.

Arthur... je vous en supplie... un seul mot... pour moi...

ARTHUR.

Je ne le puis, Marie...

DUHAMEL.

Vous l'entendez ?...

ARTHUR.

Non, je ne puis me justifier maintenant... Les apparences m'accablent... Je suis dans une situation horrible!... Un serment me lie... Peut-être dans peu pourrai-je tout dire... mais, encore une fois, je vous jure...

DUHAMEL.

Vous jurez, vous jurez... Répondez d'un seul mot : Avez-vous promis d'épouser Blanche, oui ou non ?

ARTHUR.

Moi... jamais !...

DUHAMEL.

Vous mentez !...

ARTHUR.

Monsieur !...

DUHAMEL, allant à la porte de gauche.

Venez, mademoiselle... N'est-ce pas qu'il ment ?

(Blanche paraît. — Musique.)

## SCÈNE XVII.

LES MÊMES, BLANCHE.

ARTHUR.

Blanche !...

MARIE.

Ciel !...

OSCAR.

Comment... encore Aline Patin !...

ENSEMBLE.

AIR : Finale du 2ᵉ acte de la Juive.

DUHAMEL, MARIE, OSCAR, BRÉMONT.

Oui, c'est Blanche, c'est elle
Qu'il aime, l'infidèle !
Il trompait mon enfant,
Il trahit son serment.
Sa présence l'accable,
Et quand il est coupable,
Il feint d'être innocent. (Bis.)

ARTHUR.

C'est Blanche, ah ! c'est bien elle !...

(A Marie.)

Arthur vous est fidèle,
Croyez-en mon serment ! (Bis.)
Votre doute m'accable,
Vous me croyez coupable.
Quand je suis innocent...
Ah ! je suis innocent !...

DUHAMEL, à Blanche.

Mademoiselle... aimez-vous M. Arthur Maucroix, et ne vous a-t-il pas juré de vous aimer toujours ?

BLANCHE.

Arthur m'a juré de m'aimer toujours... et je l'aime!

TOUS.

Ah !

MARIE.

Ah !... il me trompait !...

DUHAMEL, à Arthur.

Eh bien ! monsieur ?

ARTHUR, à part.

Je suis perdu !...

OSCAR, regardant toujours Blanche, et prenant Brémont à part.

Notre pari tient-il toujours ?

BRÉMONT.

Toujours !...

OSCAR.

Alors, demain, à midi, chez Aline Patin.

## ACTE DEUXIÈME.

*Le théâtre représente l'intérieur d'un boudoir très coquettement meublé. — Portes au fond, à droite et à gauche. — Fenêtre à droite, au second plan.*

### SCÈNE I.

ALINE, *seule, négligemment couchée sur un divan; un brasero est auprès d'elle.*

Encore une déclaration du duc de Mortagne... C'est un joli cavalier, mais il est si sot... (Elle brûle la lettre et en prend une autre.) Ah! c'est de ce pauvre Bellecourt... Il a de l'esprit celui-là, un style ravissant... mais il est par trop laid... (Elle brûle la lettre.) Brûlée!... (Elle en prend une autre.) Ah! ah! du marquis Oscar de Bonarsot... Brûlée!... C'est étonnant!... comment savent-ils déjà que je suis ici?... Je n'ai fait connaître à personne mon retour de Londres. Ah! j'oublie que j'ai rencontré hier ce petit fou de Lopez... Ma chaise de poste était découverte, il m'aura reconnue. Vous aurez beau faire, messieurs, je vous fermerai ma porte désormais.

AIR : *Ma brune Thérèse.* (Chapeau gris.)

Aline la choriste,
Messieurs les grands seigneurs,
Ferme aujourd'hui la liste
De ses adorateurs...
Dans mon boudoir,
Ah! vers le soir,
Ce sera triste;
Car, désormais,
Ceux que j'aimais
N'iront jamais. [ange;
Non, non, non, non, messieurs. (*Bis.*) Le diable se fait
Je ne veux plus vous voir... (*Bis.*) je vous exile tous.
Il faudra, chose étrange, (*Bis.*)
Pour pénétrer chez nous,
Par devant le maire,
De par monsieur l' maire,
Être nommé mon époux.

### SCÈNE II.
ALINE, IRMA.

IRMA, *entrant du fond.*

M. le marquis Oscar de Bonarsot demande à parler à madame.

ALINE.

Ah!... Je n'y suis point...

IRMA.

M. le marquis m'a dit avoir vu madame à la fenêtre.

ALINE.

Dites que je ne puis recevoir.

IRMA.

Bien, madame. (Elle sort.)

ALINE.

Ce petit marquis est bien le plus ennuyeux personnage que je connaisse, n'aimant que lui et ne parlant que de son mérite...

IRMA, *rentrant.*

M. le marquis n'est pas seul. Il vient présenter à madame un de ses amis, et la supplie de les recevoir.

ALINE.

Ah! c'est insupportable!... Je ne puis donc faire défendre ma porte?... Dites que j'ai ma migraine... que je me mets au lit...

IRMA.

Oui, madame. (Elle sort.)

ALINE.

Il comprendra peut-être que je veux me débarrasser de ses visites... Il me déplaît à un point...

IRMA, *rentrant.*

Ce monsieur dit que madame peut se mettre au lit; que cela ne le gênera point. Il n'a qu'un mot à lui dire : il s'agit d'un pari...

ALINE.

Allons, j'aurai plus tôt fait de le recevoir... Faites attendre ici... pendant que je vais réparer un peu le désordre de ma toilette...

(Elle sort à gauche.)

### SCÈNE III.
OSCAR, BRÉMONT, IRMA.

IRMA, *au fond.*

Par ici, messieurs... Dans un instant madame va venir...

OSCAR.

C'est bien, petite... Tu es une camériste adorable, parole d'honneur!... Ah! dis-moi... (A Brémont.) Tu vas voir si nous ne sommes pas chez Aline Patin... (A Irma.) Comment se nomme ta maîtresse?...

IRMA.

Mais monsieur le sait bien...

OSCAR.

N'importe... dis son nom.

IRMA.

Madame la baronne Aline de Sorlanges.

BRÉMONT et OSCAR.

Tu dis?...

IRMA.

Que vous êtes chez madame la baronne Aline de Sorlanges.

### BRÉMONT et OSCAR.

Ah bah!...

### IRMA.

Qu'ont-ils donc?... (Elle sort.)

## SCÈNE IV.
### BRÉMONT, OSCAR.

#### BRÉMONT.

Eh bien! le concierge avait raison de nous dire qu'il n'y avait pas de madame Patin dans sa maison...

#### OSCAR.

Il t'a dit aussi qu'il ne connaissait point de demoiselle Blanche...

#### BRÉMONT.

Enfin, j'admets pour un instant que la jeune fille que nous vîmes hier chez Duhamel ne s'appelle point Blanche, ce qui n'est pas probable... Mais n'importe ; si elle est Aline Patin, comme tu le prétends, conduis-moi chez Aline Patin...

#### OSCAR.

Mais, nous y sommes...

#### BRÉMONT.

Tu es fou!...

#### OSCAR.

Mon cher, Aline change de nom aussi souvent que d'appartement. Quand je la vis pour la première fois, il y a un an, on l'appelait Mme la comtesse de Saint-Athanase ; trois mois plus tard, elle se disait veuve du colonel Mandès... Je lui avouai mon amour lorsqu'elle se nommait Mlle de Faille... J'eus des rivaux, hélas! quand elle devint Mme Banon... et je rompis avec elle parce qu'elle voulait se parer de mes titres... Mais ce qu'il y a de certain, c'est qu'elle s'appelle tout prosaïquement Aline Patin... Et voici comme je découvris son véritable nom... Un jour, je passais sur le boulevart de Gand... je vois, mon cher, une petite créature de quinze à seize ans, vraiment digne des hommages d'un homme... comme moi. Je la suis... Elle prend le faubourg Poissonnière... Moi, j'étais attendu au faubourg Saint-Germain... mais qu'importe!... pour une aussi jolie fille, j'aurais été au bout du monde!...

#### BRÉMONT.

C'eût été fatigant...

#### OSCAR.

J'y serais allé... Je la suivais donc toujours, lorsqu'à deux pas de la barrière, je la vis entrer dans une maison de très chétive apparence... Elle grimpe six étages en moins d'une minute... Je grimpe... Le cœur me battait d'une force...

#### BRÉMONT.

Je crois bien... les six étages...

#### OSCAR.

Elle entre, et me ferme la porte sur le nez!... Ouf!...

#### BRÉMONT.

Tu redescends!...

#### OSCAR.

Non pas!... Je cherche une sonnette, point... Je frappe... on ouvre... et cinq jeunes moutards en guenilles forment cercle autour de moi et me regardent comme un obélisque... Je m'aperçois que je suis tombé chez une ravaudeuse, au sein de sa famille... Tu conçois qu'à ma vue on m'accable de politesses... On me fait entrer dans la pièce de réception... un affreux chenil!... Qu'est-ce que j'aperçois?... la baronne Aline de Sorlanges, alors comtesse de Saint-Athanase, en tête-à-tête avec le petit démon qui m'avait attiré dans ce sanctuaire de l'innocence!... Ma surprise égale celle d'Aline... « Comment! vous ici, comtesse?... lui dis-je. — Qu'appelez-vous comtesse? répond une vieille femme coiffée d'un madras d'une propreté douteuse... Mais c'est mon enfant, Aline Patin, la fille de son vrai père, Grégoire Patin, mon homme, employé au télégraphe, pour servir monsieur... » Aline, ne sachant comment sortir de cette situation embarrassante, se trouva mal... Je m'en trouvai bien... Je marmotai quelques excuses, je demandai une personne imaginaire, et je m'enfuis...

#### BRÉMONT.

Tout cela ne prouve pas...

#### OSCAR.

Tiens! le sanctuaire s'ouvre... La voilà!...

## SCÈNE V.
### LES MÊMES, ALINE.

#### ALINE.

Mille pardons de vous avoir fait attendre... J'étais à ma toilette...

#### OSCAR.

On peut donc, enfin, vous aborder, cher Aline... Je vous retiendrai peu de temps ; car, moi-même, je suis impatiemment désiré à la Comédie-Française... Si j'ai tant insisté pour vous voir, ma toute belle, c'est que votre présence seule peut décider du sort d'un pari que mon ami Brémont, très aimable garçon que je vous présente, doit maintenant reconnaître avoir perdu...

#### ALINE.

Un pari?... Que voulez-vous dire?...

#### OSCAR.

Voilà ce que c'est : lorsque nous nous sommes rencontrés hier dans le salon de Duhamel, en vous voyant, mon ami s'écrie : Tiens! Blanche!... Moi, je vous reconnais, et je m'écrie : Tiens! Aline!... Il me soutient que vous vous appelez Blanche et que vous habitez Saint-Germain depuis deux ans, à moi qui vous ai fait une cour assidue pendant tout l'hiver dernier... Je soutiens le contraire... Un pari s'engage... Il faut

## ACTE II, SCÈNE VI.

des preuves, je le conduis ici, je lui en donne, et il me doit dix louis...

ALINE.

Comment!... Qu'est-ce que vous dites?... Vous m'avez rencontrée, hier, dans le salon de monsieur?...

OSCAR.

Duhamel...

ALINE.

Moi!...

BRÉMONT.

Sans doute...

ALINE.

Mais vous êtes dans l'erreur!... D'abord, je ne connais nullement ce M. Duhamel dont vous me parlez... Je suis arrivée de Londres seulement hier, et je n'ai point quitté mon appartement...

OSCAR et BRÉMONT.

Ah! c'est trop fort!...

ALINE.

C'est l'exacte vérité...

BRÉMONT.

Mais c'est pourtant bien mademoiselle qui habitait Montpellier il y a cinq ans...

ALINE.

Moi?... Jamais je n'ai mis le pied dans ce pays-là...

BRÉMONT.

Ah! pourquoi nier, mademoiselle?...

OSCAR.

Oui, pourquoi nier, charmante Aline?...

BRÉMONT.

Je suis un ami...

OSCAR.

Nous sommes vos amis...

BRÉMONT.

Nous servirons vos projets, mademoiselle...

ALINE.

Quels projets?...

BRÉMONT.

Je me dévoue corps et âme à votre cause...

OSCAR.

Il faudra qu'il vous épouse...

ALINE.

Qui?...

OSCAR.

Lui!... votre séducteur!...

ALINE.

Mais, quel séducteur?...

BRÉMONT.

Arthur...

OSCAR.

Maucroix...

ALINE.

Qu'est-ce que c'est qu'Arthur?...

OSCAR.

Parbleu! vous le savez bien... Il sera votre mari, puisque vous le voulez absolument...

ALINE.

Et Maucroix?...

BRÉMONT.

Votre mari...

ALINE.

Comment!... deux maris?... Ah! ah! messieurs!...

OSCAR.

Mais non... Arthur Maucroix n'est qu'un seul homme... Eh bien! mon cher Brémont, es-tu convaincu?... Je t'ai donné des preuves... je t'ai mis en présence de la belle Aline... tu me dois dix louis...

BRÉMONT.

C'est juste...

OSCAR.

Maintenant, je me rends à la Comédie-Française, où je suis attendu... tu sais... pour ma Laïs... Mais, mon cher...

AIR : Polka de la Porte-St-Martin. (Fleurs animées, scène deuxième.)

Garde à toi!...

BRÉMONT.

Et pourquoi?...

OSCAR.

Prends garde à ton cœur,
Brémont,
Et surtout sirène...
Son regard
Séducteur
Prendra, sans égard,
Ton trop sensible cœur.

ALINE.

Mais, c'est une infamie!..

BRÉMONT.

A vous je me confie...

OSCAR.

Alors, c'est clair comme le jour,
D'elle tu vas devenir fou d'amour.

REPRISE.

Garde à toi, etc.

(Oscar sort.)

## SCÈNE VI.

ALINE, BRÉMONT.

ALINE.

Enfin, j'espère, monsieur, que vous voudrez bien m'expliquer un peu tout ce que vient de dire M. Oscar, car c'est pour moi une énigme dont j'attends le mot.

BRÉMONT.

Certainement, madame. (La regardant très attentivement.) Oui, je le vois maintenant; ce n'est point Blanche... Ah! par exemple, voilà une ressemblance étonnante et qui servira délicieusement mes projets.

ALINE.
Mais qu'avez-vous donc, monsieur, à me toiser ainsi ?

BRÉMONT, à part.
Oh ! toiser... Décidément ce n'est pas Blanche. (Haut.) Mademoiselle, vous êtes veuve, m'a dit Oscar ?

ALINE.
Oui, monsieur.

BRÉMONT.
Vous n'avez pas de goût pour cette position, je suppose ?

ALINE.
Mais fort peu.

BRÉMONT.
Eh bien, madame, je vous apporte un mari.

ALINE.
Un mari ?

BRÉMONT.
Oui, madame.... un mari.... Mais un mari... dans toute l'acception du mot...

ALINE.
Vraiment !... Ah ! monsieur... donnez-vous donc la peine de vous asseoir...

BRÉMONT.
Oui, madame, j'ai pour vous un excellent parti, et je vous donnerai ce mari-là à des conditions très avantageuses.

ALINE.
Ah ! il y a des conditions ?

BRÉMONT.
N'est-ce pas tout naturel ?

ALINE.
Si, vraiment ; eh bien, monsieur... voyons vos conditions ?

BRÉMONT.
D'abord, je dois vous faire connaître le futur... il est de mes amis... Je ne vous parlerai pas de sa figure... tout homme est assez beau pour faire un mari. Je vous dirai seulement que c'est un gaillard jeune encore... M. Duhamel a de quarante-cinq à cinquante-sept ans.

ALINE.
Mais il serait mon père !...

BRÉMONT.
Ah ! madame...

AIR de l'Apothicaire.

D'honneur, c'est un homme charmant,
Très bien conservé pour son âge.
De votre hymen, assurément,
Il pourrait naître un tendre gage.
Et sans son anévrisme au cœur,
Et sa goutte, et ses maux de tête,
Et sa gastrite... sur l'honneur !
Ah ! sa santé serait parfaite ;
Sans sa gastrite, sur l'honneur !
Oui, sa santé serait parfaite.

ALINE.
Mais c'est un invalide que vous me proposez là, monsieur !

BRÉMONT.
C'est un mari rare et précieux, madame, d'une moralité sans pareille, pratiquant la vertu, ayant horreur du vice, passant sa vie à lire Lavater, le docteur Gall, à faire des charades et deviner des logogriphes.

ALINE.
Mais c'est un sot que cet homme-là, monsieur !

BRÉMONT.
Cet homme-là, madame, est veuf, n'a pour toute famille qu'une fille unique, et possède au moins soixante mille livres de belles et bonnes rentes... C'est un homme très estimable.

ALINE, rapprochant son siége.
Ah ! il a soixante mille livres de rentes...

BRÉMONT.
Sans compter une magnifique propriété en Champagne, pays qui l'a vu naître, patrie des âmes pures.

ALINE.
Et il n'a plus de parents, plus de famille, le pauvre homme ?

BRÉMONT.
Il n'a qu'une fille unique.

ALINE, se rapprochant encore.
Qui peut se marier au premier jour ; et alors il serait bien malheureux, à son âge, abandonné à des mains étrangères !

BRÉMONT.
A de vils mercenaires !

ALINE.
Ah ! ce serait affreux... un aussi digne homme.

BRÉMONT.
Mais cela ne sera point, grâce à vous ; votre cœur se laissera attendrir... La propriété de Gerflais vaut au moins deux cent mille francs. Vous vous dévouerez, j'en suis certain, n'est ce pas ?

ALINE.
Ah ! vous m'attendrissez, jeune homme... Eh bien ! oui, je me dévoue, et sans hésiter... Moi, d'abord, j'ai toujours vénéré les hommes d'un âge mûr ; je dirai plus, je les aime... leur expérience me plaît... Mais c'est peut-être moi qui ne conviendrai pas à ce monsieur ?

BRÉMONT.
Duhamel vous adore.

ALINE.
Vous l'appelez ?

BRÉMONT.
Duhamel.

ALINE.
Duhamel !... Mais je vous jure que je ne le connais pas...

BRÉMONT.
Je le sais bien.

ALINE.
Eh bien ! alors...

BRÉMONT.
Eh bien ! sachez qu'il existe une jeune per-

## ACTE II, SCÈNE VI.

sonne qui vous ressemble, oh! mais d'une façon étrange : la voix, la taille, la physionomie... la même grâce... c'est à tromper l'œil le plus scrutateur.

ALINE.

Eh quoi! elle a jusqu'à mon signe ?...
(Elle lui montre le grain de beauté qu'elle a au menton.)

BRÉMONT.

Non! ma foi... et ce grain de beauté est peut-être la seule chose qui puisse vous faire distinguer d'elle. Cette jeune fille s'appelle Blanche ; c'est elle que Duhamel a vue hier, et qui a fait naître en son cœur un amour subit et dévorant ; le cœur du bonhomme est un véritable volcan.

ALINE.

Comment, c'est Blanche qu'il aime, et c'est moi qu'il veut épouser ? Cela devient de plus en plus incompréhensible.

BRÉMONT.

Du tout, c'est Blanche qu'il veut épouser..... mais cette jeune fille ne consentirait jamais à devenir sa femme; elle a une passion au cœur..... amour romanesque, stupide... elle repousserait les offres de ce digne vieillard, j'en suis sûr.

ALINE.

Mais ce monsieur Duhamel s'apercevra de suite que je ne suis point...

BRÉMONT.

Du tout ; il a vu Blanche hier pour la première fois.

ALINE.

Et il en est amoureux ?

BRÉMONT.

Comme un fou !... Jugez-en. Je suis allé déjeuner chez lui ce matin ; en sortant de table, il me prit à part et me dit : « Mon cher Brémont, vous savez que je suis très impressionnable ; eh bien, cette jeune personne que vous avez vue hier m'a vivement attendri par le récit de ses malheurs ; j'en suis tellement épris que je suis décidé, si elle y consent, à lui donner mon cœur et ma main. »

ALINE.

Ah bah !

BRÉMONT.

Et il m'a prié de vous communiquer ses intentions.

ALINE.

Mais, jeune homme, quel intérêt avez-vous donc à tout ceci ?

BRÉMONT.

Oh! mon Dieu, le plaisir d'obliger...

ALINE.

Ah! monsieur...

BRÉMONT.

Et puis deux cent mille francs de dot... une fille charmante et le bonheur inappréciable de vous avoir pour belle-mère.

ALINE PATIN.

ALINE.

Ah ! c'est donc cela ! Vous épousez la fille une que... Très bien, je comprends maintenant

BRÉMONT.

C'est la récompense de mes services.

ALINE.

Elle est très méritée... Ma foi, mon cher beau-fils, votre projet me sourit assez ; je me risque, advienne que pourra...

BRÉMONT.

Vous acceptez ?

ALINE.

J'accepte.

BRÉMONT.

Alors, dès à présent, il faut vous faire appeler Blanche !

ALINE.

C'est convenu.

BRÉMONT.

Vous êtes orpheline...

ALINE.

Moi ?... Mais non, j'ai une très nombreuse famille...

BRÉMONT.

Vous la retrouverez plus tard ; cela occasionnera une reconnaissance, une scène d'intérieur des plus dramatiques; vous avez été élevée à Montpellier par votre nourrice ; vous viviez paisiblement chez elle, et vous passiez tranquillement vos jours à filer de la laine.

ALINE.

A nourrir des lapins et des tourterelles, honnêtes et pures occupations de jeunes filles de province ; connais ça, passez.

BRÉMONT.

Lorsque, tout à coup, un infâme, un perfide ravisseur vint vous arracher à cette douce existence, vous enleva et vous conduisit dans une retraite isolée où vous attendaient la honte et le déshonneur.

ALINE.

Ah ! mon Dieu ! c'est un vrai mélodrame que mon histoire... Mais je ne peux pourtant pas dire à mon futur que je suis... un ange déchu.

BRÉMONT.

Vous le lui avez déjà dit... c'est ce qui vous a rendue intéressante à ses yeux.

ALINE.

Ah ! c'est différent.

BRÉMONT.

Mais ce n'est pas tout : cet infâme Arthur, après vous avoir perdue... Arthur, c'est le nom de votre séducteur...

ALINE.

Arthur... bon, j'aime beaucoup ce nom-là... Mais je ne connais pas mon séducteur... Je voudrais pourtant bien voir au moins sa figure... c'est nécessaire

**BRÉMONT.**
Je vous le ferai connaître. Après vous avoir exilée à Saint-Germain...

**ALINE.**
Saint-Germain ? Connais beaucoup : pays désormais à jamais célèbre...

**BRÉMONT.**
Oui ! par les amours de François Ier ?

**ALINE.**
Non ! par le pavillon Henri IV... où l'on dine... Ah ! monsieur, ce restaurateur-là est un grand homme.

**BRÉMONT.**
Eh bien, après vous avoir reléguée à Saint-Germain, Arthur vous trompe, vous abandonne, et vous apprenez par une lettre anonyme qu'il est sur le point d'épouser mademoiselle Duhamel.

**ALINE.**
Diable ! cela se complique.

**BRÉMONT.**
Mais, plus tard, je vous apprendrai le reste... Ce malheureux Duhamel m'attend et brûle d'impatience... Consentez à le recevoir...

**ALINE.**
Ma foi, j'y consens.

**BRÉMONT.**
Eh bien donc, ma toute belle, je vais, en descendant, donner votre nouveau nom au concierge, et de suite je cours porter à ce bon Duhamel votre réponse.

AIR : Je le promets. (Armes de Richelieu.)

Dans un instant,
**ALINE.**
Dans un instant,
**BRÉMONT.**
Le cœur brûlant,
**ALINE.**
Le cœur brûlant,
**BRÉMONT.**
Viendra vers vous
**ALINE.**
Viendra vers nous
**BRÉMONT.**
Futur époux,
**ALINE.**
Futur époux,
**BRÉMONT.**
Et dans ces lieux,
**ALINE.**
Et dans ces lieux,
**BRÉMONT.**
Bientôt je veux
**ALINE.**
Bientôt je veux
**BRÉMONT.**
Vous revenir,
**ALINE.**
Vous voir venir,
**BRÉMONT.**
Pour vous unir.
**ALINE.**
Pour nous unir.

(Brémont sort.)

## SCÈNE VII.
**ALINE, seule.**

Ah ça ! voyons, c'est un rêve... Comment, moi, Aline Patin, j'aurais soixante mille livres de rentes, des terres en Champagne ; je serais dame châtelaine... Allons donc, c'est impossible... Ah ! comme Élisa serait jalouse... Et Alexandrine !... Il me semble déjà voir leurs visages rouges d'envie. Quel plaisir !... quelle existence ! quel bonheur !... Soixante mille livres de rentes !.... Plus d'ennuis, de soucis, de regrets.. Ah !... un seul pourtant, un seul toujours... Ce regret-là aura toute la durée de ma vie... La conduite de cet inconnu envers moi fut tellement généreuse, que je regretterai toujours de ne pouvoir connaître mon sauveur... M'avoir arrachée des mains de ces lazzaroni, m'avoir sauvée d'une mort certaine, et se soustraire à ma reconnaissance, sans seulement m'apprendre son nom... Et depuis trois ans, depuis cette nuit fatale où je faillis être assassinée au sortir d'un bal masqué... depuis mon retour de Naples, je n'ai pu le rencontrer nulle part... Oh ! je l'aurais reconnu, car son image est toujours présente à mes yeux... Je le reconnaîtrais entre mille.

AIR de Flottow. (Ivan le Moujick.)

Jamais, oh ! jamais je n'oublie
Le courage vainqueur
De mon libérateur,
Celui qui m'a sauvé la vie,
Qui, pour me protéger,
Affronta le danger.
Hélas ! chaque jour, oui, je pense
A ce jeune et brave inconnu
Qui, pour fuir ma reconnaissance,
Jamais, n'a jamais reparu.
Gardons encore l'espérance
De revoir mon sauveur
Et d'acquitter mon cœur.

C'est singulier comme la reconnaissance inspire souvent de l'amour... C'est le seul homme que j'aimerais véritablement ; et j'aime, qui ?... un inconnu... Allons, allons, éloignons ce souvenir ; je ne reverrai probablement jamais ce jeune homme, et d'ailleurs, quand le hasard me le ferait découvrir, il est marié, heureux !... Oublions-le ; y songer est folie... Allons, allons, ne pensons qu'au brillant avenir qui s'ouvre devant moi.

(Elle frappe un timbre.)

## SCÈNE VIII.
### ALINE, IRMA.
#### ALINE.
Irma... il viendra tout à l'heure un monsieur d'un âge mûr... très mûr... Ce monsieur s'appelle Duhamel. Vous l'introduirez ici de suite... Il demandera M<sup>lle</sup> Blanche... Blanche, c'est moi. Je m'appelle ainsi désormais; ne l'oubliez pas.
#### IRMA.
Il suffit, madame.
#### ALINE.
Ah !... si ce monsieur vous interrogeait, par hasard, vous lui diriez que je suis ici chez la baronne Estelle de Sorlanges, dont je suis la parente... non, l'amie, la protégée... Vous comprenez ?
#### IRMA.
Oui, madame la baronne.
#### ALINE.
Et surtout gardez-vous bien de m'appeler ainsi devant ce monsieur.
#### IRMA.
Que madame soit tranquille, je ne connais plus que M<sup>lle</sup> Blanche.
#### ALINE.
Une malheureuse orpheline... Vous entendez, Irma, je suis une bien malheureuse orpheline... Laissez-moi, allez.           (Irma sort.)

## SCÈNE IX.
### ALINE, seule.
Il faut convenir que je vais faire là un singulier mariage, et par de singuliers moyens : une méprise, une substitution de personne !... Les rigoristes ne trouveraient pas ma conduite très délicate. Bah ! ce qui rend le calme à ma conscience, c'est qu'avant de m'épouser, ce mari me verra, c'est bien à moi qu'il fera sa cour... et, si je ne lui plais pas, rien ne l'obligera... Allons, allons, décidément, ma conscience est parfaitement tranquille.

## SCÈNE X.
### ALINE, DUHAMEL.
#### IRMA, l'annonçant.
Monsieur Duhamel !...
#### DUHAMEL, à part.
C'est elle !... c'est bien elle !... Ah ! mon pauvre cœur bat d'une force...
#### ALINE, à part.
Voyons un peu mon amoureux... Oh ! qu'il est laid !... Brémont l'avait flatté... (Haut.) Ah ! monsieur... (A part.) Que diable vais-je lui dire ? Je suis très peu au courant de mon histoire, moi ; j'ai peur de m'embrouiller.
#### DUHAMEL, à part.
Abordons-la avec tous les ménagemens que mérite sa situation... Pauvre innocente enfant, va !... (Haut.) Ah ! mademoiselle, laissez-moi d'abord vous remercier mille fois et mille fois encore... Ce que Brémont vient de me dire serait-il vrai ?...
#### ALINE.
Monsieur...
#### DUHAMEL.
Il ne m'a pas trompé... Ah ! mademoiselle, vous voyez à vos pieds le plus heureux des hommes.
#### ALINE.
Relevez-vous, de grâce...
#### DUHAMEL.
AIR : Ce que j'éprouve en vous voyant.

Non, je voudrais baiser vos pas ;
Mais avec vous en tête-à-tête,
D'honneur je me trouve un peu...
#### ALINE, à part.
            Bête.
(Haut.)
Un peu ?...
#### DUHAMEL.
    Gêné ; car tant d'appas
Me bouleversent l'esprit, hélas !
En admirant votre divin sourire,
Votre front pur, votre regard charmant,
Votre taille, vos... Ah ! vraiment
Je ne saurais comment vous dire
Ce que j'éprouve en vous voyant.
Et comment vous sentez-vous depuis hier ?...
#### ALINE.
Depuis hier ?... mais... Ah !...
#### DUHAMEL.
Ah ! oui, je comprends votre silence... Cette scène... Triste journée !... n'est-ce pas ?
#### ALINE.
Oh ! oui, triste journée, hélas !... (A part.) Il paraît que la journée a été triste.
#### DUHAMEL.
Quand je songe que bientôt cet ange sera M<sup>me</sup> Duhamel... Non, je ne puis le croire encore... Blanche, je vous en conjure, répétez-le-moi, j'ai besoin de l'entendre de votre charmante bouche... Ah ! dites que vous consentez à devenir M<sup>me</sup> Duhamel...
#### ALINE.
Vous le voulez donc ?
#### DUHAMEL.
Si je le veux ?... Ah ! je vous en supplie.
#### ALINE.
Eh bien !... j'y consens...
#### DUHAMEL.
Ah ! le ciel s'ouvre pour moi... Blanche, je veux désormais consacrer ma vie à vous chérir... La

mère que vous avez perdue, je la remplacerai par mes soins ; vos désirs seront mes désirs, vos volontés mes lois... Je veux enfin vous faire nager dans un océan de plaisirs.

ALINE.

Oh ! merci...

DUHAMEL.

Je vous couvrirai d'or et de soie.

ALINE.

Oh ! merci...

DUHAMEL.

Je veux employer ma fortune à satisfaire vos plus légers caprices...

ALINE.

Oh ! merci... (A part.) Eh ! mais il a du bon, ce digne vieux.

DUHAMEL.

Je serai votre esclave, n'est-ce pas ?

ALINE.

Oh ! oui.

DUHAMEL.

Votre serf, n'est-ce pas ?

ALINE.

Oh ! oui.

DUHAMEL.

Et je ne vous demanderai, pour prix de tant d'amour, que de n'être pas ingrate.

ALINE.

Style d'opéra.

DUHAMEL.

Plaît-il ? vous dites ?...

ALINE.

Que vous êtes la bonté même.

DUHAMEL.

Me paieriez-vous de retour, belle Blanche ?... Répondez...

ALINE.

O homme que je respecte et que j'estime... votre conduite noble et désintéressée émeut vivement mon cœur. Vous me connaissez à peine, je ne vous connais pas davantage ; mais... notre entrevue d'hier... certainement que... moi aussi... je... Mais n'importe, votre extérieur décèle une âme honnête et tendre... et puisque vous le voulez absolument, car vous le voulez absolument, n'est-ce pas ?

DUHAMEL.

Eh bien ! chère âme ?...

ALINE.

Eh bien ! je confie ma fragile existence à votre sage expérience... Pauvre et frêle arbrisseau agité dès sa naissance par les orages de la vie, je viens demander au vieux chêne abri et protection... Soyez donc mon vieux chêne.

DUHAMEL.

Quel langage simple et touchant !... Il est donc bien vrai, Blanche ?...

ALINE.

Je m'abandonne à vous...

DUHAMEL.

O bonheur !... vous serez pour toujours...

ALINE.

Votre tendre moitié.

DUHAMEL.

O délire ! je pourrai vous accabler...

ALINE.

De bienfaits.

DUHAMEL.

O providence !... elle daigne accepter...

ALINE.

Votre fortune... Oui, j'y consens.

DUHAMEL.

Elle y consent !... Ah ! mademoiselle, que de reconnaissance !... Je te bénis, destin !... Vite, un notaire, un magistrat, une autorité quelconque, quelque chose qui marie, enfin !...

## SCÈNE XI.

### Les Mêmes, OSCAR.

OSCAR, en dehors.

J'entrerai, vous dis-je... Brémont ? qu'avez-vous fait de Brémont, madame ?

DUHAMEL.

Ah ! mon bon Oscar, mon cher ami, je suis l'homme le plus heureux du monde... je vais me marier.

OSCAR.

Vous allez vous marier... vous ?

DUHAMEL.

Oui, mon cher.

OSCAR.

Tant pis pour vous.

ALINE.

Vous dites, monsieur ?...

OSCAR.

Je dis, madame, que tous les hommes sont faux et méchans, que l'amitié n'est plus qu'un vain mot... que toutes les femmes sont ingrates et perfides...

DUHAMEL.

Taisez-vous, blasphémateur !... Les femmes n'ont jamais été si bonnes, si belles, si sensibles, si... si...

OSCAR.

Si, si, si... Du temps de votre jeunesse, c'est possible.

ALINE.

Ah çà ! d'où vient donc ce profond désespoir, monsieur ?

OSCAR.

Madame, je vous en supplie, dites-moi ce que vous avez fait de Brémont ?

ALINE.

Il m'a quittée... mais il va revenir bientôt.

OSCAR.

Savez-vous bien que cet homme est le plus infâme que je connaisse?

DUHAMEL.

Brémont... Allons donc, mon cher, vous perdez la tête.

OSCAR.

C'est un misérable, vous dis-je... Il m'a joué, dupé d'une façon atroce. Flora, vous savez, Flora, une fille que j'adorais, eh bien ! c'est lui qui me l'a soufflée... et le traître accusait de cette lâcheté ce pauvre Arthur !...

DUHAMEL.

Vous vous trompez, mon cher, c'est impossible...

OSCAR.

Impossible !... Vous êtes charmant ; j'ai les preuves les plus convaincantes... Tout à l'heure, en sortant du Théâtre-Français, où j'ai été refusé à l'unanimité... les ignares !... tout à l'heure j'ai appris que ce Brémont m'avait soufflé...

DUHAMEL.

Brémont est incapable...

OSCAR.

Mais que vous a-t-il donc fait pour prendre ainsi sa défense ?...

DUHAMEL.

Ce qu'il m'a fait ?... D'abord, c'est à lui que je dois l'inappréciable bonheur d'épouser mademoiselle.

OSCAR.

Hein ? quoi ? j'ai mal entendu... Vous épousez mademoiselle, mademoiselle que voilà ?

DUHAMEL.

Oui, sans doute ; cela vous étonne ?

OSCAR.

Ah ! bien, bon, charmant ! Voilà qui est adorable... Et c'est parce qu'il vous fait faire ce joli mariage que vous vous déclarez son défenseur ?...

DUHAMEL.

Oui, certainement ; et c'est aussi par reconnaissance que je lui donne la main de ma fille.

OSCAR.

Vous allez lui donner votre fille ?

DUHAMEL.

Nos deux noces se célébreront le même jour.

OSCAR.

Mais, homme trop confiant, et beaucoup plus crédule... il vous trompe aussi indignement, et je veux...

ALINE.

Mille pardons, monsieur, mais, lorsque vous êtes entré... nous parlions d'une affaire très sérieuse... qu'on ne peut traiter devant un tiers... Vous nous avez interrompus... si vous étiez assez aimable pour...

OSCAR.

Ah ! vous me chassez, madame... je comprends votre motif... Mais, puisque vous avez l'impudeur d'en agir ainsi avec moi, je ne garderai aucun ménagement ; j'arracherai le masque à chacun, je ferai luire enfin le flambeau de la vérité aux yeux de ce vieillard simple, mais honnête.

DUHAMEL.

Comment... vieillard... L'insolent !

ALINE, à part.

Je suis perdue...

OSCAR.

Homme primitif, écoutez-moi. Je veux vous sauver de l'abîme où vous êtes sur le point de tomber. Je veux vous faire connaître les gens que vous alliez introduire au sein de votre intérieur. Savez-vous qui est mademoiselle ? Mademoiselle se nomme Aline Patin ; elle est veuve, mais de plusieurs époux fort bien portans... Quant à sa position sociale : dame des chœurs à l'Opéra...

ALINE, s'asseyant.

Ah ! quelle insolente calomnie !...

DUHAMEL.

Vous tairez-vous, imposteur !... Voyez-vous, vous faites pleurer ce pauvre ange...

ALINE, se relevant brusquement.

Sortez de chez moi, monsieur... je vous l'ordonne.

DUHAMEL.

Ne vous présentez jamais à mon hôtel, ou je vous fais jeter à la porte par mes laquais.

OSCAR.

Dites donc la vérité...

AIR : Je loge au quatrième étage.

Voilà les hommes ; sur mon âme,
Ils sont incroyables vraiment :
Brémont lui joue un tour infâme,
C'est pour cela qu'il le défend. (*Bis*.)
Ah ! tu méconnais le service
Qu'ici, vieillard, moi je te rends...
Mais le sort me fera justice :
Tu m' mets dehors, il te met d'dans,
Et puisque tu m' fais l'injustice
De mettre dehors, il te met d'dans.

DUHAMEL.

Sortirez-vous enfin ?...

## SCÈNE XII.

### Les Mêmes, BRÉMONT.

Qu'est-ce donc ? d'où vient tout ce bruit ?...

DUHAMEL.

Ah ! mon cher ami... vous arrivez fort à propos... Faites-nous le plaisir de mettre monsieur à la porte.

BRÉMONT.

Oscar !... et pourquoi ?

ALINE.

Monsieur se permet de m'insulter chez moi.

DUHAMEL.

Il ose vous calomnier aussi.

**OSCAR.**
Oui, j'ose démasquer...

**BRÉMONT.**
Comment, monsieur, vous insultez une femme, vous calomniez un ami!... Il vous sied bien, à vous qui vous insinuez dans la société à l'aide de titres qui ne vous appartiennent point et d'argent que vous empruntez, de déverser le blâme et le mépris sur des personnes qui daignent vous admettre dans leur intimité... Mais, puisque vous agissez ainsi, trouvez bon, mon cher monsieur, que je vous fasse enfin connaître pour ce que vous êtes.

**OSCAR,** tremblant.
Brémont... au nom du ciel!... Je sors.

**BRÉMONT,** le retenant.
Restez donc encore un instant, je vous prie...

**OSCAR.**
Je n'ai plus une goutte de sang dans les veines.

**BRÉMONT.**
Mon cher monsieur Duhamel, vous voyez en monsieur le fils d'un modeste épicier de province, qui ruine son père en folles dépenses, tandis que cet honnête commerçant use sa santé par le travail, et vit de privations pour satisfaire aux caprices de monsieur.

**ALINE et DUHAMEL.**
Le fils d'un épicier !

**BRÉMONT.**
Oui, mon cher Duhamel, oui, mademoiselle, monsieur est tout simplement le fils d'un épicier... Non pas que cette profession... mais monsieur Oscar ne fréquente que les lions, passe ses journées au bois, ses soirées aux Italiens ou chez des marquises, des duchesses... J'avoue que je suis curieux de savoir, lorsqu'on connaîtra les ancêtres de ce pauvre diable, comment les comtesses, les marquises et les lions le recevront.

**DUHAMEL.**
C'est donc cela... Je lui trouvais aussi quelque chose de vulgaire dans la physionomie.

**ALINE.**
Un ton détestable, un esprit borné, des manières communes...

**BRÉMONT.**
Voici une lettre qu'un de mes cliens a reçue dernièrement... elle est signée du père de monsieur... Ceci n'est point une calomnie, c'est une preuve authentique. Voyez... son pauvre père supplie son créancier de reculer l'époque d'un prochain paiement ; il n'est pas en mesure ; des pertes qu'il vient d'éprouver, les dépenses que l'éducation de son fils lui cause, l'ont mis dans la gêne... Eh bien, si mon client n'était point un homme humain, tandis que M. Oscar se livre à tous les plaisirs d'un grand seigneur, il pourrait faire vendre tout ce que son père possède.

**OSCAR.**
Grand Dieu !

**ALINE.**
Ah ! voilà qui est affreux !...

**DUHAMEL.**
Mais il n'a pas de cœur, ce garçon-là.

**OSCAR.**
Monsieur ! j'ignorais la gêne dans laquelle se trouve mon père.

**DUHAMEL.**
A d'autres !

**ALINE.**
Un épicier !

**OSCAR.**
Eh bien ! oui, je suis le fils d'un commerçant, et je n'ai qu'un tort, celui de le cacher... Mais, séduit, entraîné par le tourbillon des plaisirs, j'ai été aveuglé... Mes yeux s'ouvrent enfin... L'honneur de mon père est en péril, il me rappelle mes devoirs, et je saurai les remplir. J'ai pu être léger, monsieur ; mais je n'ai pas cessé d'être un homme de cœur... Merci donc à vous qui, en voulant me perdre, m'avez sauvé... Ce qui ne m'empêchera pas d'être sincère, et de maintenir que vous jouez un rôle infâme... que madame est bien ce que j'ai dit, et que monsieur est sur le point d'être dupe.

AIR d'Aristippe.

Oui, le bandeau qui me voilait la vue
Vient à l'instant de tomber de mes yeux,
Et je sens là, tant mon âme est émue,
Qu'un cœur sensible, honnête, généreux,
Est préférable aux plus nobles aïeux.
Ce cœur dormait ; grâce à vous il s'éveille,
En ce moment il parle... mais, hélas !
Ce qu'il me dit, ah ! ce qu'il me conseille
Monsieur Brémont ne le comprendrait pas.
Il parle honneur, vous n'entendriez pas.

**BRÉMONT.**
Monsieur !

**OSCAR.**
Monsieur !...

**BRÉMONT.**
Une telle insolence demande satisfaction.

**OSCAR.**
A vos ordres, monsieur.           (Il sort.)

## SCÈNE XIII.

#### DUHAMEL, BRÉMONT, ALINE.

**DUHAMEL.**
Ah ! le misérable, l'impudent, le...

**BRÉMONT.**
Mais ne vous emportez donc pas, mon cher Duhamel.

**DUHAMEL.**
Vous avez raison ; je veux, au contraire, me livrer à la joie, savourer délicieusement mon bonheur...

### BRÉMONT.
Ah çà! quel jour fixons-nous pour cette heureuse union?

### DUHAMEL.
Celui qui vous plaira, ô ma charmante amie.

### ALINE.
Mais le plus tôt possible.

### DUHAMEL.
Elle a dit le plus tôt possible... Ah! mon ami, je suis transporté.

### BRÉMONT.
Eh bien! mon cher Duhamel, après-demain signature du contrat, dimanche prochain publication des bans... et dans quinze jours la noce.

### DUHAMEL.
Dans quinze jours les deux noces, mon cher gendre... Ah! je me crois vingt ans. Dans quinze jours, ô suave Blanche, vous serez madame Duhamel.

### BRÉMONT.
Ma belle belle-mère!

### ALINE.
C'est un bonheur que je ne mérite point, et dont je ne suis pas digne, je vous jure.

### DUHAMEL.
Brémont, vous l'entendez... Elle a dit que c'était un bonheur... O femme accomplie!... Je vais chez mon notaire, de là chez mon tailleur, puis acheter pour ma reine quelques bagatelles : des fleurs, du satin, des dentelles, des cachemires... A bientôt, mon gendre... à bientôt, ma femme... Ah! que je suis heureux!    (Il sort.)

## SCÈNE XIV.
### ALINE, BRÉMONT.

BRÉMONT, riant aux éclats.
Eh bien! charmante Aline, convenez que je vous donne là un mari vraiment précieux... Mais regardez-le courir... le malheureux va se faire écraser... Ah!...

ALINE, de même.
Quoi donc?

### BRÉMONT.
Le hasard nous sert à souhait... Vous voyez bien ce jeune homme brun, tenant sous son bras un énorme portefeuille?

ALINE, regardant.
Oui... Ah! mon Dieu!...

### BRÉMONT.
Eh bien! c'est Arthur Maucroix.

ALINE, à part.
Mon inconnu de Naples...

### BRÉMONT.
Le séducteur de Blanche, celui qui devait épouser la fille de Duhamel

### ALINE.
Ce jeune homme... il l'aime donc?

### BRÉMONT.
Il l'adore.

### ALINE.
Il l'adore, et vous lui prenez sa fiancée!

### BRÉMONT.
Ça se fait.

### ALINE.
C'est lui, c'est bien lui.

### BRÉMONT.
Vous le connaissez?

### ALINE.
C'est mon sauveur... je lui dois la vie... Jugez maintenant si je peux vous aider à le trahir.

### BRÉMONT.
Que dites-vous?... Lorsque votre fortune dépend...

### ALINE.
Ma fortune... Ah! monsieur, pour tout l'or du monde je ne voudrais point tromper cet homme-là.

### BRÉMONT.
Que comptez-vous donc faire?

### ALINE.
Le sauver.

### BRÉMONT.
Mais, madame...

### ALINE.
Je vous le répète, monsieur, je le sauverai.
(Elle sort.)

## SCÈNE XV.
### BRÉMONT, seul.

Ah! oui dà, ma toute belle!... Vous arriverez trop tard... car pour être certain que la fille de Duhamel sera ma femme... de ce pas je vais l'enlever.

# ACTE TROISIÈME.

Cabinet de travail élégamment meublé. — Bureau. — Portes latérales à droite et à gauche. — Cheminée garnie d'une pendule, candelabres, etc.

## SCÈNE I.
### ARTHUR, seul, lisant.

« Mon cher Arthur, je suis venu deux fois
» sans pouvoir te joindre... Je voulais t'avertir,
» te prévenir qu'on te trompe indignement...
» Celle que tu appelles Blanche et qui a fait rom-
» pre ton mariage, est une misérable créature
» qui ne mérite que ton mépris... Défie-toi d'elle
» et de Brémont surtout, je te dirai bientôt pour-
» quoi.

« Ton ami, OSCAR. »

Brémont, un ami d'enfance, me tromper. Allons donc!... c'est impossible!... Hélas! le coup le plus terrible qui m'ait été porté vient de Blanche... qui l'aurait cru?... C'est elle!...

## SCÈNE II.
### BLANCHE, ARTHUR.

BLANCHE, s'avançant lentement.

Arthur, je viens vers vous repentante et malheureuse, bien malheureuse de vous avoir affligé... Arthur, je viens implorer mon pardon... me le refuserez-vous?

ARTHUR.

Laissez-moi, Blanche, laissez-moi...

BLANCHE.

Oh! ne me repoussez pas!... Je veux réparer le mal que je vous ai fait.

ARTHUR.

Le réparer... c'est impossible!

BLANCHE.

Celle qui causa vos peines peut les faire cesser; elle le veut, c'est son devoir, et elle saura le remplir... C'est pour cela que j'accours vers vous, Arthur, pour vous dire : Pardonnez-moi, pardonnez la faute de mon cœur!... Suis-je donc si coupable de vous chérir?... Mais puisque ma tendresse fait votre malheur, puisque vous en aimez une autre... eh bien! je m'immole à ma rivale... Épousez-la, soyez heureux... la pauvre Blanche souffrira sans se plaindre, et loin de vous désormais, loin de vous toujours, vous n'entendrez jamais parler de ses larmes ni de son désespoir... Est-ce vous aimer?... dites?...

ARTHUR.

Pauvre enfant... ses larmes retombent sur mon cœur...

BLANCHE.

Mais à celle qui va partir... que vous ne reverrez plus jamais peut-être, à celle que vous avez si long-temps et si tendrement aimée... car tu m'as bien aimée, Arthur!... ces longues années de mon enfance pendant lesquelles tu m'as prodigué tant de soins touchans en sont les preuves les plus douces et les plus chères à mon cœur... eh bien! à cette femme que tu n'aimes plus, et qui t'aimera toujours, elle, dis au moins un mot de pardon pour lui donner le courage d'accomplir son cruel sacrifice, pour lui donner la force de te quitter!...

AIR : Petit enfant (de Quidant).

Pour ton bonheur, oui, je donne ma vie;
Car, je le sens, je mourrai loin de toi!
Pourtant je pars... Je te rendrai Marie...
Aime-la mieux et plus long-temps que moi,
Mais que du moins une douce parole,
Quand je t'adresse en pleurant mes adieux,
Donne à mon cœur un espoir qui console,
Que mon pardon soit écrit dans tes yeux!

ARTHUR, regardant la lettre d'Oscar qu'il tient à la main.

Oh! non, ce n'est pas avec un tel regard, une voix si douce, des larmes si vraies, qu'on peut être perfide! Cette lettre ment, elle est infâme!... (Il la déchire.) Non, Blanche, non, mon enfant, tu ne me quitteras point!... Tu resteras toujours près de moi!... Ton amitié tendre finira peut-être par calmer un jour la douleur que me cause la perte de Marie.

BLANCHE.

Vous l'aimez donc bien, cette Marie?...

ARTHUR.

Si je l'aime!... Mais elle seule me faisait tenir à la vie!...

BLANCHE.

Comme vous seul, Arthur, me la faites chérir!

ARTHUR.

Si j'aime Marie!... Mais ce n'est que près d'elle que je suis vraiment heureux!...

BLANCHE.

C'est comme moi; près de vous seulement je trouve le bonheur!...

ARTHUR.

Pour voir Marie, pour l'entendre une minute, j'abandonnerais tout au monde!...

BLANCHE.

Comme moi, pour vous entendre et vous voir, je sacrifierais tout!...

ARTHUR.

Que dis-tu, Blanche?

BLANCHE.

Je dis que vous aimez Marie comme moi je vous aime.

ARTHUR.

Tu m'aimes ainsi, toi!...

BLANCHE.

Et n'est-ce pas naturel que la pauvre enfant sauvée par vous de la misère aime de toute la puissance de son âme celui qui fut pour elle son seul protecteur, son seul ami, son seul bienfaiteur?...

ARTHUR.

Tais-toi, tais-toi, malheureuse!... Oh! dis que tu t'abuses toi-même!... car s'il était vrai, si tu m'aimais ainsi!... ce serait le plus terrible malheur, la plus horrible fatalité qui pussent nous accabler tous deux!

BLANCHE.

Que voulez-vous dire?

ARTHUR.

Ne m'interroge pas!

BLANCHE.

Eh quoi!... vous aimer serait-il donc un crime?...

ARTHUR.

Peut-être!..

BLANCHE.

Peut-être?... Ô ciel! expliquez-vous, Arthur...

ARTHUR.
Eh bien ! oui, m'aimer serait un crime !

BLANCHE.
Un crime !... et pourquoi ?

ARTHUR.
Parce que... parce qu'une sœur ne doit pas, ne peut pas avoir d'amour pour son frère, et que toi, Blanche, tu es ma sœur !...

BLANCHE.
Sa sœur !...

ARTHUR.
Oui, ma sœur !...

BLANCHE.
Il serait vrai !... j'aurais un frère... et ce frère c'est vous... vous, Arthur... la seule personne que j'aime dans ce monde !... Ah ! c'est trop de bonheur !... Merci, mon Dieu, merci !...

(Elle va pour se jeter dans ses bras.)

ARTHUR.
Comprends-tu maintenant que mes caresses étaient saintes et chastes, comme mon amitié pour toi, Blanche, sera toujours chaste et sainte ? Comprends-tu donc enfin que tu ne pouvais, que tu ne pourras jamais être la rivale de Marie ?

BLANCHE.
Oui, oui, je comprends tout maintenant... mon ami, mon frère... Mais pourquoi m'avoir fait jusque alors un mystère de ma naissance ?... Pourquoi m'avoir caché jusqu'à ce jour que vous étiez mon frère ?...

ARTHUR.
Pourquoi !... Parce que pour le monde entier nous devons être étrangers l'un à l'autre... parce que, ce secret découvert, ta mère serait perdue...

BLANCHE.
Mais... votre mère est morte...

ARTHUR.
La tienne existe.

BLANCHE.
Elle existe... Oh ! son nom ?... Dites-moi son nom ?...

ARTHUR.
Ce secret-là n'est plus le mien... J'ai fait serment de ne jamais le révéler... J'en ai déjà trop dit...

BLANCHE.
Vous refusez de me l'apprendre ?

ARTHUR.
Je dois respecter mon serment.

BLANCHE.
Eh bien ! alors, ce que voulez me cacher, c'est moi qui me charge de le découvrir... Oh ! oui, ce secret, je le pénétrerai !... Je le devine...

ARTHUR.
Que dis-tu ?...

BLANCHE.
Je dis que Dieu m'éclaire ; je dis que mon cœur me le révèle, ce secret... Depuis que j'existe, une seule femme m'a témoigné quelque affection, quelque intérêt... Eh bien, cette femme-là, qui, lorsque j'étais enfant, me prenait sur ses genoux, m'embrassait mille et mille fois, et maintenant encore me comble de caresses, de prévenances et d'amitiés, c'est M$^{me}$ de Saint-Preux ; et M$^{me}$ de Saint-Preux, j'en suis sûre, c'est ma mère !...

ARTHUR.
Plus bas, plus bas, au nom du ciel !...

BLANCHE.
Vous vous troublez... c'est elle.

ARTHUR.
On vient... tais-toi !...

BLANCHE.
M$^{me}$ de Saint-Preux... ma mère... J'ai une mère !...

SCÈNE III.

OSCAR, BLANCHE, ARTHUR.

OSCAR.
Ah ! il paraît que vous êtes en train de jouer une scène sentimentale... Pardon de l'interrompre ; mademoiselle, je suis enchanté de vous rencontrer chez mon ami...

ARTHUR, à Blanche.
Vous connaissez Oscar ?

BLANCHE.
Je vois monsieur pour la première fois.

OSCAR.
Ah ! par exemple !... voilà qui est trop fort !... Madame, continuez votre rôle d'ingénue, si cela vous amuse, mais sachez bien que vous ne duperez plus personne ici... parce que, moi, je vais vous démasquer et vous faire connaître à Arthur pour ce que vous êtes véritablement.

BLANCHE.
Oh ! mon Dieu !... qu'ai-je donc fait à cet homme, pour qu'il ose me parler ainsi ?...

OSCAR.
Ce que vous m'avez fait ?... Ah ! c'est trop d'audace !...

ARTHUR.
Enfin, t'expliqueras-tu ?

OSCAR.
Oui, certainement, je m'expliquerai, et clairement... Mais d'abord je viens, mon cher Arthur, pour te prier de me servir de témoin... J'ai un duel.

ARTHUR.
Un duel ?

OSCAR.
Avec Brémont, qui est un misérable !... Il m'a insulté hier, chez madame, en présence de Duhamel...

ARTHUR.
Chez madame?

OSCAR.
Oui, chez madame, que tu cesseras de recevoir, j'espère, quand tu sauras qui elle est, et comme elle te trompe...

BLANCHE.
Mais, monsieur...

OSCAR.
Je m'explique... Sais-tu ce qu'elle fit, après avoir rompu ton mariage avec M<sup>lle</sup> Duhamel? elle attira chez elle le père de Marie, et le séduisit si bien, que le brave homme lui a demandé sa main.

ARTHUR.
Qu'entends-je?...

BLANCHE.
Moi!...

OSCAR.
Oui, mon cher, cette naïve enfant, dont tu te croyais adoré sans doute, qui, dans ce moment peut-être encore, te faisait de tendres protestations d'un fidèle amour, doit épouser Duhamel. Elle a sa parole; ce mariage est convenu, arrêté. Et c'est ce Brémont qui a machiné cette alliance sortable; aussi, par reconnaissance, et pour prix d'un si grand service, Duhamel donne sa fille à Brémont.

ARTHUR.
Est-il possible!... Eh bien! Blanche, vous entendez?... Et n'avez-vous donc aucune réponse à faire à celui qui vous accuse?...

BLANCHE.
Aucune...

OSCAR.
Je crois bien!

ARTHUR.
Eh quoi!... vous n'essayez pas même de vous défendre?...

BLANCHE.
Me défendre... et pourquoi, je vous prie?... Ce serait donner à monsieur le droit de penser que ce qu'il vient de dire est vraisemblable et me touche... et je vous connais trop, Arthur, pour vous croire capable d'ajouter foi à d'aussi méprisables impostures... Je n'ai donc rien à répondre.

ARTHUR, qui regarde attentivement Blanche.
Oscar!... tu es fou!..

OSCAR.
Comment, et toi aussi!... tu ne veux pas me croire?...

ARTHUR.
Tu es fou, te dis-je!

OSCAR.
Mais je te jure que c'est l'exacte vérité!...

ARTHUR.
Ah!... assez sur ce sujet...

OSCAR.
Bon! encore un qui veut fermer les yeux à l'évidence!...

DUHAMEL, en dehors.
Comment! elle est déjà arrivée?...

OSCAR.
Ah! parbleu, voici Duhamel!... Nous allons voir... (Allant à lui.) Mon cher monsieur Duhamel! je...

## SCÈNE IV.

DUHAMEL, OSCAR, BLANCHE, ARTHUR.

DUHAMEL, entrant.
Eh quoi!... chère âme, la première au rendez-vous?... Ah! vraiment, je suis confus... Je me suis cependant empressé d'accourir... L'heure que vous m'avez indiquée n'est point encore sonnée...

ARTHUR.
Que signifie?...

BLANCHE.
Encore!...

OSCAR.
Ah! ah! cette fois, tu écoutes avec plus d'attention.

DUHAMEL.
J'avoue que j'aurais préféré vous revoir ailleurs... chez vous, par exemple, comme hier.

OSCAR.
Chez vous... comme hier... Tu entends?...

DUHAMEL.
Car, franchement, j'éprouve une certaine répugnance à me trouver encore avec ces messieurs.

OSCAR.
Mille grâces...

DUHAMEL.
Mais, puisque vous avez voulu que cette entrevue eût lieu en présence de monsieur, me voici, je vous ai obéi, et je vous obéirai toujours!

BLANCHE.
Moi! j'ai choisi ce lieu pour vous voir!... je vous ai donné rendez-vous chez Arthur?...

DUHAMEL.
Mais... certainement...

BLANCHE.
Quoi! monsieur, vous osez soutenir?...

DUHAMEL.
Que vous m'avez écrit de venir ici... Mais oui, n'est-ce pas la vérité? Il fallait donc le taire?... Vous ne m'avez point recommandé le secret...Votre lettre me disait seulement qu'aujourd'hui, à dix heures, chez Arthur, vous me donneriez le mot d'une énigme très intéressante pour moi... J'aime infiniment les énigmes... Voyons, dites-la-moi...

ARTHUR.
Blanche vous a écrit ?
DUHAMEL.
Oui, monsieur.
ARTHUR.
Cette lettre, monsieur, cette lettre... au nom du ciel !...
DUHAMEL.
Je vous trouve curieux, mon cher monsieur... De quel droit, je vous prie, vous permettez-vous de m'adresser une pareille demande ?
BLANCHE.
Du droit que je lui donne de connaître ma conduite, et de contrôler toutes mes actions...
DUHAMEL.
Vous lui donnez ce... Ah! permettez, adorable Blanche... un mari seul possède un tel privilége... et votre mari, vous me l'avez juré, ce sera moi !
ARTHUR.
Vous, son mari ?... Elle vous a j é ?...
DUHAMEL.
D'être ma femme... oui, monsieur.
BLANCHE.
Cette lettre, monsieur... encore une fois, cette lettre ?...
DUHAMEL.
Cette lettre... mais je ne l'ai pas sur moi...
BLANCHE.
Ah ! j'étais bien certaine que vous ne pourriez la donner...
DUHAMEL.
Mais...
BLANCHE.
Ah ! monsieur...

AIR : Moi, sans détour, etc. (Vicomtesse Lolotte.)

> Qu'ai-je donc fait pour être ainsi victime
> De votre haine et de votre mépris ?...
> Qu'ai-je donc fait ? dites, quel est mon crime,
> Pour m'arracher ce cœur que je chéris ?...
> Soyez heureux, car le doute en son âme
> Sur ma conduite est entré maintenant;
> Soyez heureux, vous tuez une femme
> Dans son honneur que seule elle défend...
> Mais vous mentez, vous mentez hardiment !

DUHAMEL.
Je mens !... Mais, mademoiselle...
BLANCHE.
Ah! mon Dieu, mon Dieu! que je suis malheureuse!... Mon Dieu, ne me donnerez-vous donc pas un moyen de prouver mon innocence ?... Ah! M<sup>me</sup> de Saint-Preux qu'hier je n'ai point quittée de la journée... M<sup>me</sup> de Saint-Preux affirmera... Oh ! oui, par elle, c'est par elle que je serai sauvée !...  (Elle sort.)

## SCÈNE V.

ARTHUR, DUHAMEL, OSCAR.

ARTHUR, voulant la retenir.
Blanche !...

DUHAMEL.
Quel changement !... En vérité, les femmes sont incompréhensibles !...
ARTHUR.
Monsieur... loin de moi la pensée de mettre en doute la sincérité de vos paroles... mais vous vous abusez ?
DUHAMEL.
Je m'abuse...
ARTHUR.
Mais songez donc, monsieur, que cette enfant a grandi sous mes yeux ; que, jusqu'à ce jour, jamais un mensonge n'avait souillé ses lèvres ; que, jusqu'à ce jour, elle m'a donné mille preuves de sa candeur et de son innocence...
OSCAR.
Tout cela ne prouve qu'une chose... c'est qu'elle joue très bien la comédie, et je m'y connais, moi...
DUHAMEL.
Enfin, il y a un fait certain... Hier, à midi, elle consentait à m'épouser... tout était réglé, convenu... Demain, nous devions signer le contrat... J'avais sa parole... Elle m'a reçu chez elle avec une grâce, un charme indéfinissables...
ARTHUR.
Elle vous a reçu chez elle !...
DUHAMEL.
Sans doute !
ARTHUR.
Hier ?
DUHAMEL.
Hier !
ARTHUR.
Mais où donc ?
OSCAR.
Eh ! parbleu, dans son élégant boudoir de la rue de Provence, que lui a donné le petit vicomte de Sorlanges... une pauvre dupe que la coquette a ruiné avec ses sourires... Ah ! ses bonnes grâces sont hors de prix.
DUHAMEL.
Ceci est de la calomnie.
OSCAR.
En tout cas, cher monsieur, ce n'est pas vous qui devriez en douter.
DUHAMEL.
Comment ?...
OSCAR.
N'allez-vous pas l'épouser ?...
DUHAMEL.
Eh bien ?...
OSCAR.
Eh bien !... elle vous vend sa main... soixante mille livres de rente, et vous ne trouvez pas que ce soit payer cette faveur un prix exorbitant... Je vous jure que, parmi ses camarades, vous auriez trouvé quelque chose d'aussi bien et à meilleur compte...

ARTHUR.
Ses camarades?...

OSCAR.
Eh! oui, parbleu... Tu ignorais sa profession?... soprano incomprise...

ARTHUR.
Blanche à l'Opéra!... Oh! non, c'est impossible!...

DUHAMEL.
N'est-ce pas?... C'est ce que je lui ai dit hier... Blanche choriste!... Mon cher, si vous étiez quelque peu physionomiste, vous comprendriez que ce que vous dites là est absurde!...

OSCAR.
Comment!... absurde...

DUHAMEL.
Eh! sans doute... Est-ce que jamais la candeur, la grâce pudique, l'innocence, la modestie que possède cette adorable jeune fille se sont rencontrées dans les chœurs de l'Opéra?...

OSCAR.
Et qui prétend cela?

ARTHUR.
Mais toi!...

OSCAR.
Moi!...

DUHAMEL.
Certainement, puisque vous affirmez que Blanche...

OSCAR.
Permettez... permettez...

ARTHUR.
Assez, messieurs, assez de calomnie sur cette enfant...

## SCÈNE VI.

Les Mêmes, un Domestique, puis ALINE.

LE DOMESTIQUE.
M<sup>lle</sup> Aline Patin.

ARTHUR.
Aline Patin!... Grand Dieu!...

ALINE, entrant.
Je vois, messieurs, que mon arrivée vous cause à tous une étrange surprise..

ARTHUR.
Cette voix!... ce visage!...

ALINE.
Vous expliquent le but de ma visite.

ARTHUR.
Ah! je comprends tout maintenant!...

DUHAMEL.
Qu'est-ce qu'il comprend donc?...

ARTHUR.
En effet, une telle ressemblance!... C'est à confondre!...

DUHAMEL.
Qu'est-ce qu'il a donc avec sa ressemblance?...

ALINE.
Il a un cœur qui ne le trompe pas, lui... et il ne lui a fallu qu'un seul coup d'œil pour voir que je n'étais point celle qu'il aime.

OSCAR.
Comment?...

DUHAMEL.
Que dites-vous?...

ALINE.
Je dis que, pour un homme qui se donne pour un grand physionomiste, vous n'êtes vraiment pas fort, mon cher monsieur Duhamel!... Vous ne m'avez donc pas bien regardée?...

DUHAMEL.
Moi!.. par exemple!...

ALINE.
Non... sans cela vous auriez vu...

DUHAMEL.
Quoi?...

ALINE.
Ce signe.

DUHAMEL.
Eh bien!

ALINE.
Comment appelez-vous cela?

DUHAMEL.
Un grain de beauté.

ALINE.
Artificiel?...

DUHAMEL.
Non!... non!... des plus naturels!...

ALINE.
Eh bien! la première fois que vous verrez M<sup>lle</sup> Blanche, examinez-la bien; l'absence de ce signe vous fera désormais reconnaître celle que vous aimez... Mais, d'abord, croyez-moi, ne voyez plus ce Brémont... c'est un vilain homme... Oscar avait raison... vous seriez sa dupe tôt ou tard...

DUHAMEL.
Moi, jamais!...

ALINE.
Eh! mon Dieu!... sans un bon mouvement que je dois au hasard... vous l'étiez, mon pauvre monsieur...

DUHAMEL.
Je l'étais!...

ALINE.
Sa dupe!... Hélas! oui, peut-être vous aurais-je... Ah! vous avez couru un grand péril, mon cher monsieur Duhamel... Mais, heureusement, monsieur vint à passer sous mes fenêtres... J'apprends que c'était lui, lui à qui je devais la vie, qu'on voulait perdre... Oh! alors, je renonçai à cette misérable duperie, et j'accourus pour vous éclairer, vous dire toute la vérité, vous sauver!... vous ôter toute illusion sur mon compte et me faire connaître à vous pour ce que je suis, et telle que je suis... Oui, mon cher monsieur, Aline Patin n'est qu'une pauvre petite dame de chœurs fort peu romanesque, fort peu sentimentale, fort

peu orpheline, mais très bonne fille... Vous voyez qu'en vous écrivant que je vous donnerais, chez M. Arthur, le mot d'une énigme qui vous intéressait vivement... je ne vous trompais point.

DUHAMEL.

Ah! mon Dieu, une simple dame des chœurs?...

ARTHUR.

Ah! mademoiselle, que ne vous dois-je pas?...

ALINE.

Vous!...

AIR d'Ivan (2<sup>e</sup> acte).

Monsieur, j'ai gardé la mémoire
  Du courage vainqueur
  De mon libérateur,
De sa conduite méritoire :
  C'était fait de mes jours
  Sans votre prompt secours.
J'avais conservé l'espérance
Qu'un jour je verrais mon sauveur,
Qu'alors, oui, ma reconnaissance
Paierait la dette de mon cœur...
J'acquitte avec reconnaissance
  Envers vous, mon sauveur,
  La dette de mon cœur.

ARTHUR.

Quoi !... cette dame masquée, attaquée à Naples par deux lazzaroni, c'était vous, madame?...

ALINE.

Oui, monsieur, c'était moi... Dix heures!... Ah !... et ma répétition...

OSCAR.

Dix heures !... Ah !... et mon duel...

ENSEMBLE.

AIR de la Barcarole. (Lolotte, 2<sup>e</sup> acte, scène VIII.)

DUHAMEL.

Ici le sort prospère
Doit le rendre vainqueur,
Et bientôt il espère
Retrouver le bonheur.

ARTHUR.

Ici le sort prospère
Vient me rendre ma sœur,
Aussi bientôt j'espère
Retrouver le bonheur.

OSCAR.

Si le sort m'est prospère,
Oui, si je suis vainqueur,
J'irai près de mon père
Vivre en homme de cœur.

(Oscar et Aline sortent.)

## SCÈNE VII.

ARTHUR, DUHAMEL.

ARTHUR.

Je pense, monsieur, que ce que vous venez d'entendre modifiera la sévérité du pénible coup dont hier vous m'avez si douloureusement frappé.

DUHAMEL.

Permettez, jeune homme, ce que je viens d'entendre ne vous justifie qu'imparfaitement.

ARTHUR.

Comment ?

DUHAMEL.

Mais oui...

ARTHUR.

Eh quoi ! lorsqu'à l'instant même on vient de vous donner la preuve évidente que j'étais victime d'un infâme calomniateur !...

DUHAMEL.

Oh ! la preuve évidente... ne m'a démontré qu'une seule chose, c'est que ce coquin de Brémont a voulu me duper...

ARTHUR.

Pour épouser votre fille...

DUHAMEL.

Ou plutôt pour épouser sa dot.

ARTHUR.

Eh bien ! lorsque vous voyez que cet homme n'a point craint d'oser aussi impudemment se jouer de vous, lorsque vous connaissez le but intéressé de ses lâches manœuvres, ne voyez-vous pas que, pour y arriver, pour obtenir la main de votre fille, il lui fallait d'abord me perdre à vos yeux ?...

DUHAMEL.

Au fait... c'est juste...

ARTHUR.

Ah ! monsieur, croyez à ma parole plus encore qu'à cette preuve... Je vous le répète, je vous le jure, je suis digne du bonheur que j'attends de vous... Ne détruisez pas, en le frappant au cœur, l'avenir d'un jeune homme qui mettait toute son ambition à vous rendre heureux et fier d'une alliance pour laquelle il donne sa vie... Vous le voyez, l'émotion voile ma voix... des larmes, malgré moi, s'échappent de mes yeux... Ah ! c'est que je l'aime... je l'aime !... comme on aime à vingt ans !... Mais regardez-moi donc... Si j'étais indigne de Marie, est-ce que j'oserais vous la demander ainsi ?...

DUHAMEL.

Mon Dieu, mon pauvre garçon... je ne demande pas mieux que de vous trouver innocent... Mais vos visites fréquentes à M<sup>me</sup> de Saint-Preux ?... Et Blanche, cette adorable orpheline... vous l'avez séduite, monsieur, vous l'avez enlevée, monsieur !... Ah ! voilà ce que je ne vous pardonnerai jamais !...

ARTHUR.

Enlevée, séduite, elle !... Sachez, monsieur, que Blanche est l'innocence même, et que je ne permets à personne de flétrir la réputation de cette jeune fille... dont je me suis fait le gardien...

DUHAMEL.

Joli gardien, ma foi !... Vous prétendez peut-être que vous vous aimez tous deux d'un amour platonique ?

ARTHUR.
D'un amour plus pur et plus saint encore.

DUHAMEL.
En vérité?... Eh bien! je veux vous prendre vous-même au piége que vous vous êtes tendu si maladroitement.

ARTHUR.
Comment?...

DUHAMEL.
Vous vous intéressez vivement à son avenir?

ARTHUR.
Plus qu'au mien.

DUHAMEL.
Eh bien! je m'en charge... Je l'épouse...

ARTHUR.
Vous l'épousez... vous?...

DUHAMEL.
Eh! oui... moi... Cela vous étonne?...

ARTHUR.
Je l'avoue...

DUHAMEL.
Et pourquoi?...

ARTHUR.
Mais vous avez plus du double de son âge... Une telle disproportion...

DUHAMEL.
N'est pas un motif raisonnable...

ARTHUR.
Elle vous connaît à peine...

DUHAMEL.
Prétexte!... Ainsi, monsieur s'oppose à mon mariage?

ARTHUR.
Je ne saurais l'approuver...

DUHAMEL.
Vous convenez donc alors que vous avez le droit de l'empêcher?

ARTHUR.
Mais...

DUHAMEL.
Ah! je disais bien que je vous forcerais d'avouer...

ARTHUR.
Qu'ai-je donc avoué?

DUHAMEL.
Eh! parbleu, que vous aviez des droits sur le cœur de cette jeune Blanche...

## SCÈNE VIII.

### LES MÊMES, BLANCHE.

BLANCHE, qui a entendu les derniers mots de Duhamel.
Oui, sans doute, il a des droits sur mon cœur...

ARTHUR.
Que dis-tu?

DUHAMEL.
Vous l'entendez?...

BLANCHE.
Les droits les plus incontestables, les plus sacrés!...

ARTHUR, à part.
Malheureuse, tu me perds!...

DUHAMEL, à Arthur.
Eh bien! aurez-vous encore l'audace de me demander ma fille?

BLANCHE.
Pourquoi donc ne vous la demanderait-il pas?

DUHAMEL.
Pourquoi?... La question me paraît d'une naïveté...

BLANCHE.
Alors, puisque Arthur n'ose plus vous faire cette demande, c'est moi qui vous la renouvelle en son nom.

DUHAMEL.
Vous?...

BLANCHE.
Moi...

DUHAMEL.
Vous... sa... Ah! c'est trop fort!...

BLANCHE.
Eh! oui, sans doute, moi, sa meilleure amie... moi... sa sœur!...

DUHAMEL.
Sa sœur!...

ARTHUR.
Blanche, y songes-tu?...

BLANCHE.
Ah! je puis tout lui dire à lui maintenant... elle me l'a permis... Je puis te rendre au bonheur... te rendre à celle que tu aimes... Ah! Arthur, Arthur, que je suis heureuse!...
(Elle se jette dans ses bras.)

DUHAMEL.
Je n'y comprends rien du tout...

BLANCHE.
Tenez, lisez, monsieur, lisez... Cette lettre de M$^{me}$ de Saint-Preux vous apprendra tout...

DUHAMEL.
De M$^{me}$ de Saint-Preux... (Il lit tout bas.) Ah! mon Dieu, il serait vrai!...

ARTHUR.
Ah! le secret, monsieur, le secret pour l'honneur de sa mère, pour l'honneur d'un vieillard!... le secret, je vous en conjure!...

DUHAMEL.
Comment, ce pauvre Saint-Preux, il est... Ah! quand on l'ignore, ce n'est rien...

BLANCHE.
En quittant M$^{me}$ de Saint-Preux, je courus d'abord chez monsieur, espérant y trouver sa fille... Je voulais être la première à lui porter cette heureuse nouvelle... je voulais être la première à te la rendre, moi qui te l'avais enlevée...

Mais, arrivée chez vous, un domestique m'apprit que vous l'aviez envoyé chercher par M. Brémont, et que vous l'attendiez ici. Alors je suis vite accourue... Mais où donc est-elle? je ne la vois point...

DUHAMEL.
Ma fille... Brémont est allé chercher ma fille?...

BLANCHE.
De votre part.

ARTHUR.
Et il est sorti avec elle?

BLANCHE.
Sans doute... puisque monsieur l'avait prié...

DUHAMEL.
C'est faux! c'est un affreux mensonge!... Je n'ai rien dit... rien ordonné...

ARTHUR.
Ah! mon Dieu!...

DUHAMEL.
Et depuis quand a-t-elle quitté l'hôtel?...

BLANCHE.
Il y a plus d'une heure... long-temps avant que je n'allasse la chercher...

DUHAMEL.
Ah! le misérable!... il m'a enlevé, volé mon enfant!...

ARTHUR.
Lui!...

DUHAMEL.
Il faut courir... Arthur, aidez-moi, secondez-moi!...

ARTHUR.
Ah!... d'abord chez ce Brémont, et si je le trouve, malheur à lui!...

## SCÈNE IX.

BLANCHE, DUHAMEL, ARTHUR, OSCAR et MARIE.

OSCAR, entrant avec Marie.
Tu ne le trouveras pas...

DUHAMEL.
Ah! ma fille!...

OSCAR.
Oui, votre fille... sauvée par moi...

ARTHUR et BLANCHE.
Elle... Marie!...

MARIE.
Mon père!...

DUHAMEL.
Mais comment se fait-il que ce soit Oscar...

OSCAR.
Qui vous la ramène?...

DUHAMEL.
Oui.

OSCAR.
Rendez grâce au hasard le plus miraculeux... Vers de ma *Laïs*, acte IV, scène V.

TOUS.
Comment?...

OSCAR.
Voilà... J'allais me battre; j'étais pressé... ma voiture filait comme le vent... J'accroche, je renverse un coupé... Dans ce coupé se trouvaient Brémont puis une jeune fille, qui se précipite vers moi, en me priant de la sauver... Je prends cette jeune fille sous ma protection, et je la rends à son père... Dénouement heureux!...

DUHAMEL.
Et moi, jeune homme, je vous rends mon estime!

OSCAR.
Quant à Brémont...

ARTHUR.
Tu t'es battu avec lui, tu l'as tué?...

OSCAR.
Non, je l'ai fait coffrer; je l'ai confié aux soins paternels de deux sergens-de-ville... Ce n'est peut-être pas un acte de parfait gentilhomme... mais comme je ne le suis plus...

DUHAMEL.
Ah! que vous avez bien fait!... Je le poursuivrai en justice!...

OSCAR.
Enlèvement de mineure, crime prévu par l'article 354 du Code pénal... Minimum de la peine... cinq ans de réclusion... Nous nous battrons ensuite...

ARTHUR.
Ah! mon cher Oscar, que ne te dois-je pas!...

MARIE.
Et moi, monsieur, comment reconnaîtrai-je jamais un pareil service?...

OSCAR.
En faisant le bonheur de mon ami...

DUHAMEL, à Marie.
Que je te donne pour époux, et que je reconnais ici pour le plus honnête jeune homme...

ARTHUR, baisant la main de Marie.
Dites pour le plus heureux des mortels...

BLANCHE, passant entre Arthur et Marie.
Oh! non, la plus heureuse en ce jour, c'est moi!!!

FIN D'ALINE PATIN.

Paris. — Imprimerie de BOULÉ, rue Coq-Héron, 3.

On trouve à la librairie de N. TRESSE, Palais-Royal.

# VIRGINIE, TRAGÉDIE EN CINQ ACTES,

Par M. LATOUR (de Saint-Ybars). — Un volume in-8.

## VALLIA, TRAGÉDIE EN CINQ ACTES,

Par M. LATOUR (de Saint-Ybars). — Un volume in-8. — Prix : 2 fr.

### LE CHEVALIER DE POMPONNE,
COMÉDIE EN TROIS ACTES ET EN VERS,

Par M. MARY LAFON. — Un volume in-18. — Prix : 2 francs.

# LA FRANCE DRAMATIQUE AU XIXᵉ SIÈCLE.

## CABINET SECRET DU MUSÉE ROYAL DE NAPLES.

1 beau volume in-4º grand raisin vélin, orné de 60 planches coloriées, représentant les peintures, les bronzes et statues érotiques qui existent dans ce cabinet. Au lieu de 100 fr., broché.... 30 fr.
Le même, figures noires, broché.......................... 20
— figures coloriées sur chine, demi-reliure en veau... 40
— figures noires sur chine, demi-reliure en veau..... 35
— doubles fig. noires et coloriées, cartonné à la Bradel. 45
— avec les deux collections de gravures sur papier de Chine parfaitement coloriées, demi-rel., dos en veau à nerfs. 60

L'art ancien et l'art au moyen-âge ne se piquaient pas d'une pudeur bien chaste; les plus admirables chefs-d'œuvre sont souvent accompagnés de détails obscènes qui en rendent impossible l'exposition aux yeux de tous. Le cabinet secret du roi de Naples est la seule galerie au monde où l'on se soit proposé de réunir tous les chefs-d'œuvre impudiques. Le livre qui le reproduit est l'indispensable complément de toutes les collections de musées, et doit trouver place dans un coin secret de la bibliothèque de l'artiste et de l'amateur.

### LE CHASSEUR AU CHIEN D'ARRÊT,
Contenant les Habitudes, les Ruses du Gibier, l'Art de le chercher et de le tirer, le Choix des Armes, l'Éducation des Chiens, leurs Maladies, etc.,

Par ELZÉAR BLAZE. — Troisième édition. — 1 volume in-8. — Prix : 7 fr. 50.

### LE CHASSEUR AU CHIEN COURANT,
Contenant les Habitudes, les Ruses des Bêtes,
l'Art de les quêter, de les juger et de les détourner; de les attaquer, de les tirer et de les prendre à force; l'Éducation du Limier, des Chiens courans, leurs Maladies, etc.,

Par ELZÉAR BLAZE. — 2 vol. in-8. — Prix : 15 fr.

### HISTOIRE DU CHIEN CHEZ TOUS LES PEUPLES DU MONDE,
D'après la Bible, les Pères de l'Église, le Koran, Homère, Aristote, Xénophon, Hérodote, Plutarque, Pausanias, Pline, Horace, Virgile, Ovide, Jean Caius, Paullini, Gessner, etc.,

Par ELZÉAR BLAZE. — 1 vol. in-8. — Prix : 7 fr. 50.

### LE CHASSEUR AUX FILETS, OU LA CHASSE DES DAMES,
Contenant les Habitudes, les Ruses des petits Oiseaux, leurs noms vulgaires et scientifiques, l'art de les prendre, de les nourrir et de les faire chanter en toute saison, la Manière de les engraisser, de les tuer et de les manger,

Par ELZÉAR BLAZE. — 1 vol. in-8, avec planches gravées. — Prix : 7 fr. 50.

LE MÊME, grand papier vélin, imprimé en encre rouge. — Prix : 15 francs.

### LE CHASSEUR CONTEUR, OU LES CHRONIQUES DE LA CHASSE,
Contenant des Histoires, des Contes, des Anecdotes, et, par-ci, par-là, quelques Hâbleries sur la Chasse, depuis Charlemagne jusqu'à nos jours,

Par ELZÉAR BLAZE. — 1 vol. in-8. — Prix : 7 fr. 50.

## LA VIE MILITAIRE SOUS L'EMPIRE,
OU MŒURS DE LA GARNISON, DU BIVOUAC ET DE LA CASERNE,

Par ELZÉAR BLAZE. — 2 vol. in-8. — Prix : 15 fr.

### LE LIVRE DU ROI MODUS ET DE LA ROYNE RACIO,
Nouvelle édition, en caractères gothiques, conforme aux manuscrits de la Bibliothèque royale, ornée de 50 gravures faites d'après les vignettes de ces manuscrits, fidèlement reproduites,

Avec une PRÉFACE par ELZÉAR BLAZE. — Un volume grand in-octavo sur jésus. — Prix : 50 francs.

PARIS. — Imprimerie de BOULÉ ET Cⁱᵉ, rue Coq-Héron, 3.

www.ingramcontent.com/pod-product-compliance
Lightning Source LLC
Chambersburg PA
CBHW060712050426
42451CB00010B/1402